RENLEI

WENMINGSHI SHANG

WEIDA DE CHUANGZAO

BENSHU
BIANXIEZU
BIAN

U0772984

人类
文明史上
伟大的创造

本书编写组◎编

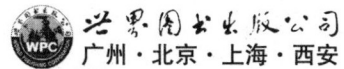

世界图书出版公司
WPC
广州·北京·上海·西安

图书在版编目（CIP）数据

人类文明史上伟大的创造／《人类文明史上伟大的创造》编写组编．—广州：广东世界图书出版公司，2010.4（2024.2重印）

ISBN 978－7－5100－2041－4

Ⅰ．①人… Ⅱ．①人… Ⅲ．①文化史－世界－青少年读物 Ⅳ．①K103－49

中国版本图书馆 CIP 数据核字（2010）第 049970 号

书　　名	人类文明史上伟大的创造
	RENLEI WENMINGSHI SHANG WEIDA DE CHUANGZAO
编　　者	《人类文明史上伟大的创造》编写组
责任编辑	杨　雯
装帧设计	三棵树设计工作组
出版发行	世界图书出版有限公司　世界图书出版广东有限公司
地　　址	广州市海珠区新港西路大江冲 25 号
邮　　编	510300
电　　话	020–84452179
网　　址	http://www.gdst.com.cn
邮　　箱	wpc_gdst@163.com
经　　销	新华书店
印　　刷	唐山富达印务有限公司
开　　本	787mm×1092mm　1/16
印　　张	10
字　　数	120 千字
版　　次	2010 年 4 月第 1 版　2024 年 2 月第 10 次印刷
国际书号	ISBN　978–7–5100–2041–4
定　　价	48.00 元

版权所有　翻印必究

（如有印装错误，请与出版社联系）

前　　言

　　创造是大自然赋予人类特有的专利。从猿人石器到蒸汽机，从甲骨文到互联网，从刀耕火种到探索太空，人类成长的每一个细节，都离不开创造。所以，创造催生了文明的进化，加速了历史的飞跃，丰富了我们的精神境界。但创造并非一帆风顺，古往今来，许多伟大的科学家在创造的过程中，经历了许多坎坷和磨难——诺贝尔发明炸药，险些丢掉生命；阿基米德为了追求真理，面对屠刀，毫无惧色；爱迪生发明电灯，做了上千次的实验。

　　这些伟大的创造改变了我们人类的生活，让我们的物质文明和精神文明得到升华，使我们的生活一天比一天美好起来。翻开人类所走过的历史，不难发现，人类的文明史实质上就是创造的结果。而创造源于求异，求变，求发展。求异、求变务必与传统的思想和问题的解决发生冲突，冲突带来的就是矛盾和问题。要使创造的目标得以继续和完成，就需要运用智慧和花费精力去解决。解决的过程有时需要反复，解决的面有浅层次的，也有深层次的，没有足够的勇气和毅力，面对创造带来的问题就会退却，而要解决它就需要付出我们的智慧和精力，因而，它是一个艰辛的过程。另外，创造也是一个智慧的过程。牛顿发现熟了的苹果自然掉到地上，他从中发现"万有引律"。没有新的思维和独特的"生产"，那是生产的重复，那是守旧，那是故步自封，那是墨守成规。带来的思想和能力的锁态，要么被别人锁住，要么被自己锁住，而敢于砸锁的人就是一个有智慧的人。

少年智则国智，少年富则国富，少年强则国强，少年独立则国独立，少年自由则国自由，少年进步则国进步。青少年正是学习知识，树立人生观的黄金阶段。只有端正了思想，才知道学习的真谛是什么。

本书选编这些人类文明史伟大科学家们的创造故事，宗旨是让青少年从中吸取科学家们精神，从而提升我们的精神境界，让我们更清醒的认识到，做一位对社会有用的人，努力学习知识，用学到的知识，为更多的人造福。只有这样，我们的地球家园才会变得越来越美好，我们的生活才会更加绚丽多彩。

目录
Contents

人类文明史上伟大的创造

RENLEIWENMINGSHISHANGWEIDADECHUANGZAO

科技的力量

发明创造是指运用现有的科学知识和科学技术，首创出先进、新颖、独特的具有社会意义的事物及方法，来有效地解决某一实际需要。因此科学上的发现，技术上的创新，以及文学和艺术创作，在广义上都属于发明创造活动。人类的每一次发明创造，都在改变着我们的生活，改变着我们对地球的认识。

把地球举起来

西西里岛的叙拉古是世界著名的文化古城，至今还保存着公元2世纪罗马时代的半圆形大歌剧院的遗迹。公元前270年，一位后来与"尤里卡"联在一起的古希腊著名的科学家就出生在这个城市，他就是阿基米德。

阿基米德从小受过良好的教育，在他11岁时，家里就把他送到当时的世界学术中心亚历山大里亚学习。阿基米德最先是以一个聪明

阿基米德撬动地球的雕像

1

的发明家而闻名天下的。他运用所掌握的数学和力学方面的知识，结合丰富的想象力，解决了实际生活中的许多问题。

阿基米德有句名言："给我一个支点，我可以把地球举起来。"这话传到了国王的耳朵里，他不相信阿基米德的话，于是他召见阿基米德并对他说："你太能吹牛了！你来替我搬动一样重东西，看看你的话是不是真的！"原来，当时国王为埃及造了一条大船，船造好了以后却没有人能将它推到水里去。阿基米德对国王说："让我来试试吧。"于是，他设计了一套复杂的杠杆和滑轮机构，只要用很小的力，就可以使很重的物体运动起来。他把一切都做好以后，就将一条绳子的末端交给国王，请国王用手拉一下。国王将信将疑地拉了一下绳子，发现船体真的动了，他高兴极了。就这样，这条沉重的大船由国王亲自送下了水。全城的人像着魔般地观看这一奇迹，国王随即发布告示："从此以后，无论阿基米德说些什么，都要相信他。"

阿基米德是个科学上的"痴人"。他如醉如痴的追求，使他天才地找到了一条一直写到今天的每本物理教科书中的原理。这个原理就是"阿基米德定律"，即浮力定律。

这个定律的发现还得从阿基米德弄出的一次大笑话说起。有一次国王把黄金交给工匠制造王冠。王冠制成后，国王疑心里面掺了白银，但又无法证实。于是他把阿基米德叫来，要他去检验。这一次可真把阿基米德难住了，他冥思苦想也找不到什么办法。于是他决定洗个澡以后再去禀告国王。他去了浴池，当他坐进澡盆时盆里的水升起来，同时他觉得自己也轻了，入水越深，这种感觉越明显。他猛然跳出澡盆，一边往街上跑，一边大声喊着："尤里卡！"（希腊语，意为我找到了。）街上的人看着他光着身子高喊着跑出来，都以为他疯了，不知如何是好。

阿基米德找到了什么？他找到了检验王冠纯度的办法。他想到，称量和王冠一样重的纯金，把它和王冠同时分别放入两个充满水的同样大小的容器里，水就会被挤出容器一些。如果它们挤出去的水一样多，那么王冠就一定是纯金的，否则就掺了白银。阿基米德就是在洗澡时的一瞬间发现了流体静力学的最基础的原理——浮力定律。而"尤里卡——我找到啦！"这样一句普通得不能再普通的希腊语竟然被现代高科技用作代词，成为人类在自然科学领域里有所发现、有所发明、有所前进的代名词。今天，世界最著名的发明博览会就冠以"尤里卡"的名称。

阿基米德不仅在物理学上取得了很大成就，而且他还是一位受人敬重的数学家，他在数学方面也相当有造诣，发现了不少原理。例如，他发现了圆柱体体积和其内接球体的体积之比为 3：2，他还掌握了用"无穷逼近"的方法来测量圆周。阿基米德是个谦虚的人，他从不为自己的成就而骄傲自满，他认为他能做到的事别人也能做到。

公元前 212 年，罗马攻陷了叙拉古。当一名罗马士兵走进阿基米德的房间时，他正在研究问题，似乎对外面发生的事一无所知。直到士兵的脚踏乱了他地上的画图，阿基米德才抬起头向他喊着："喂，你弄坏了我的图，赶快走开!"结果，他的喊声惹恼了那个无知的士兵，阿基米德就这样被杀害了。

炼金术是化学之母

中国古典名著《西游记》里说，孙悟空大闹天宫，被投入太上老君的炼丹炉里。玉皇大帝本想把他烧成灰烬，谁知却炼出了他的一双火眼金睛，这当然是一个美丽的神话。

不过，古代的帝王们，为了长生不老，延年益寿，或是为了炼石成金，也执迷炼丹炉。结果，炼来炼去，虽没有炼出长生不老的仙丹，但却炼出了古老的化学基础知识。因此，后人把炼金术称为"化学之母"。而那些从事炼金术的术士们，居然无意中成了化学之祖。

炼金术在西方最早出现在希腊，大约公元前 1 世纪时。古希腊炼金术的指导思想是唯心主义哲学家柏拉图（公元前 428～前 347 年）的哲学思想。根据柏拉图学派"万物皆有生命，有灵魂"、"灵魂可以改变"的理论，炼金术士们相信，金属也都是有生命的有机体。金属的灵魂表现为灵气，由颜色体现出来。而黄金体现了金属的理想灵魂，是最尊贵的金属。在铜、锡、铅、铁等贱金属上镀上一层金，黄金的灵魂就会移植到贱金属中，使

3

贱金属逐渐转化成黄金。希腊炼金术士们有一种"点石成金"的妙招，据说把铜、铁、锡、铅这4种贱金属熔合成一种黑色合金，它们就失去了自己贱金属的个性和灵魂。然后将这种合金用水银蒸气熏成白色，合金就有了银的灵气。再加上一点黄金作"发酵剂"（或称"种子"），黑色合金就变成金光灿灿的诱人的黄金了。

希腊炼金术还有一个特点，就是它与占星术有关。炼金术士认为，黄金最尊贵，所以是润育万物的太阳的化身。白银

柏拉图雕像

是月亮的化身。铜、水银、铁、锡分别是金星、水星、火星、木星的化身。5颗行星（那时的人除了地球外，只认识肉眼看得见的5颗行星）中，土星最远最冷，所以最阴暗的铅是它的化身。

到了公元8世纪，中国的炼金术随着经济文化交流的通道——丝绸之路和海上航道——也传到了阿拉伯。阿拉伯的炼金术将中国炼金术与希腊炼金术溶于一身。

在阿拉伯人的炼金术中，关于金属的学说、金属的制取与提纯、金属的合成与金属的转变占有主要地位。他们把自然万物归为"精灵"和"形体"两大类。凡属易挥发之物为"精灵"，凡不挥发之物为"形体"，如水银、硫磺都易挥发，所以是"精灵"。硫磺本质主动，属火，为雄性，是火的化身，恰与中国炼丹家所谓"阳"相似；而水银本质被动，属水，为雌性，如同中国炼丹家所谓的"阴"。汞硫结合（即雌雄交配），便可生成各种金属。所以，硫化汞就成了炼金时的主要原料。

贾比尔（721～815年）是阿拉伯炼金术的早期代表人物，他提出了金

属可以互相转变以及 4 元素（火、空气、水、土）相克的理论。把水银奉为童女，说它有起死回生的神力，还能将铜、铁、铅等贱金属变成黄金。由于贾比尔是个医生，在炼金时格外注意化学反应。他还是化学史上第一个制出硝酸、硫酸和能使黄金溶解的"王水"以及有机酸——酒石酸的人。

阿拉伯炼金术的中期代表人物叫拉译（856～925 年），他是化学史上第一个将当时已知各种物质分为"矿物、植物、动物"的人，首创了自然界物质分类系统。阿维森纳（980～1037 年）是阿拉伯炼金术后期时代人物，他是集阿拉伯炼金术、医学和哲学等知识之大成者。在他的代表作《医典》中，把无机矿物分为"石、可溶物、硫和盐" 4 大类；金属是由硫、汞以及决定各金属本性的杂质组成，汞是金属的精灵，硫能使金属有了可变性。与希腊炼金术不同的是，他否定了金属是可以互相转化的。

公元 12 世纪，阿拉伯的炼金术传到了西欧，很快被欧洲各国的王公贵族们当作了"延寿敛财"的法宝，在宫廷、教堂升起炉火，让炼金术士们为他们炼制"黄金"。仅英国皇帝亨利六世雇佣的炼金术士就达 3000 人之多。在欧洲黑暗的中世纪，一切科学都遭到了扼杀，唯有炼金术风风火火地发展起来。

欧洲炼金术士的观点与阿拉伯的基本相同，从其代表人物之一的罗哲·培根（1214～1294 年）的主张中便可窥其一斑。他说："汞硫为原始物，汞是金属之父，硫为金属之母。二者结合便得各种金属。贵贱金属的区别在于所含汞硫的比例和纯度不同；金属含有最纯粹的汞和硫。而贱金属只有借助一种灵药，即'哲人石'的点化，才能清除自身的下贱成分，改变性质，转化为金银。炼金术就是为了制备'哲人石'。"

欧洲人的炼金术非但没有超出阿拉伯人的水平，还更多一层浓厚的宗教色彩。深受中世纪神学思想统治的炼金术士们鼓吹，只有借助祈祷、咒语、巫术、招魂、卜卦，求得鬼神相助，才能实现"点石成金"的奇迹。然而，这种炼金术硬是统治欧洲早期化学领域达 500 年之久。

炼金术的初衷虽荒唐，又违背科学，无论东方还是西方的炼金术士们又无一人从炼丹炉里炼出什么"点石成金"的"哲人石"或长生不老之药，但是，历代炼金术士们在炼金过程中，亲自采集矿物、药物，做了许多实验，自觉不自觉地积累了许多有关物质性质和相互作用的宝贵知识；发明了一些化学器皿和仪器；对自然界的物质有了最初的分类；发现了许多新物质如酒精、无机酸及金属盐类；制成了一些新的化合物；创造了一些新的化学方法，如合金、化合物制法等；搞清了一些化学元素，尤其是汞、铅、硫三者的化学性质。所以，炼金术又称之为"原始化学"、"近代化学之母"。

在东西方风行了近2000年的炼金术，最终由于没有科学基础，而走向失败。随之而来的是近代化学——冶金化学和医药化学的兴起。

指南针

指南针是中国史上的伟大发明之一，也是中国对世界文明发展的一项重大贡献。指南针是利用磁铁在地球磁场中的南北指极性而制成的一种指向仪器。磁石的这种特性，被古人利用来制成指南工具。最早出现的指南工叫司南，战国时已普遍使用。它是利用天然磁石琢磨而成，样子像一只勺，重心位于底部正中，底盘光滑，四周刻24向，使用时把长勺放在底盘上，用手轻拨，使它转动，停下后长柄就指向南方。东汉王充《论衡》记载了它的形状和用法。《鬼谷子·谋篇》里还谈到郑国人到远处去采玉，就带了司南，以免迷失方向。另外，指南车的发明亦进一步把这种仪器提升至更高的境界。

但是，用天然磁石琢磨而成的司南，成品较低，磁性较弱。

古老司南的复制模型

到了宋代，人们发明了人工磁化方法，制造了指南鱼和指南针。而指南针更为简便，更具实用价值。它是以天然磁石摩擦钢针制成，在地磁作用下保持指南性能；以后把它装置在方位盘上，就称为罗盘。这是指南针发展史上的一大飞跃。

沈括对指南针放置方法也作过详细研究，总结出 4 种不同的方法，并作了比较：①水浮法。把指南针浮在水面以指示方向，至于具体方法，沈括没有说明。到北宋晚期，药物学家寇宗奭的《本草衍义·磁石条》才有介绍，原来是在指南针上穿上灯心草，就可以把针浮起。水浮法的缺点是磁针会随水摇荡不定。②指甲旋定法。把磁针放在指甲上，可以灵活运转，但缺点是容易滑落。③碗唇旋定法。把磁针放在碗口边绿上，也可以旋转自如，但同样易掉落。④悬丝法。取一根新棉丝，用一点蜡黏在磁针中央，悬挂在没有风的地方磁针即可指示方向。比较之下，沈括认为这个方法最为理想。

指南针在公元 11 世纪时已是常用的定向仪器。指南针的最大贡献，是大大地促进了航海事业的发展。据考证，公元 11 世纪末，指南针就开始用于航海了。大约在 12 世纪末到 13 世纪初，指南针由海路传入阿拉伯，然后由阿拉伯传入欧洲。

■ 埃拉托色尼测定地球大小

希腊人是最早相信地球是一个球体的民族。自毕达哥拉斯以来，天球 - 地球的两球宇宙模型一直是希腊宇宙理论的基础，地球的概念为解释不少近地天文现象如月食提供了可信的依据，而天球的概念则很好地满足了柏拉图学派"拯救现象"的要求。亚历山大里亚有 2 位著名的学者立足于经验观测和理性判断，确立了这 2 个概念。他们中一位是埃拉托色尼，科学地确立了地球的概念，并定量确定了地球的大小。另一位是希帕克斯，创立了球面几何，为定量描述天球的运动提供了数学工具。

埃拉托色尼大约于公元前 276 年生于北非城市塞里尼（今利比亚的沙

哈特），青年时代在柏拉图的学院学习过。他兴趣广泛、博学多闻，是古代世界仅次于亚里士多德的百科全书式的学者。只是因为他的著作全部失传，今人才对他不太了解。这样一位百科全书式的人物，当然为爱惜人才的托勒密王朝所青睐。他们邀请他到亚历山大里亚出任亚历山大图书馆馆长。这个职位很适合于他，于是他就来到了亚历山大里亚，在这里一直待到去世，享年80岁。

据史书记载，埃拉托色尼的科学工作包括数学、天文学、地理学和科学史。数学上，确定素数的埃拉托色尼筛法是他发明的；在天文学上，他测定了黄道与赤道的交角；在地理学上，他绘制了当时世界最完整的地图，东到锡兰，西到英伦三岛，北到里海，南到埃塞俄比亚；也许是利用图书馆馆长之便，他还编写了一部希腊科学的编年史，可惜已经失传。

埃拉托色尼最著名的成就是测定地球的大小，其方法完全是几何学的。假定地球真的是一个球体，那么，同一个时间在地球上不同的地方，太阳光线与地平面的夹角是不一样的。只要测出这个夹角的差以及两地之间的距离，地球周长就可以算出来了。他听人说，在埃及的塞恩即今日的阿斯旺，夏至这天中午的阳光可以直射入井底，表明这时太阳正好垂直于塞恩的地面。他测出了塞恩到亚历山大城的距离，又测出了夏至正中午时亚历山大城垂直杆的杆长和影长，这样就可以算出地球的周长了。埃拉托色尼算出的数值是25万希腊里，约合4万千米，与实际半径只差100多千米。在古代世界许多人还相信天圆地方的时候，埃拉托色尼已经能够如此准确地测算出地球的周长，真是了不起。这是希腊理性科学的伟大胜利。

蔡伦造纸

造纸术的发明，是我们中华民族对人类的一个重大贡献。公元89年，汉和帝即位，他提升一个小宦官蔡伦担任中常侍，让他参与国家大事。后来，蔡伦兼任尚方令，监督工匠为皇宫制造宝剑和其他用品。

蔡伦忠于职守，一上任就到各个作坊去视察。这一天，蔡伦来到制造麻纸的作坊里，看到许多大缸里泡着青麻的茎皮。蔡伦很是好奇，就问这些是干什么用的，一个工匠告诉他，"青麻加上石灰，在水缸里泡上十天半个月就泡烂了，然后捶打成浆，就可以造麻纸了"。蔡伦觉得这太神奇了，连忙惊叹说："好，好啊！"可是工匠接着说："用这种方法造出的麻纸虽然比丝棉纸或绸缎花费的成本低，但麻纸太粗糙，吸墨性不强，写起字也很不方便。"

蔡伦听了这一番话，脑中若有所思。青麻纸现在还不尽如人意，但比从前用竹简写字方便得多，也比在绢帛上写字便宜得多。如果能把青麻纸改进一下，让它变得平滑光洁，又能吸墨，那就可以广泛使用了。

此后半个月，蔡伦天天到造纸作坊去，观察工匠们的造纸过程，有时还帮忙挑水或者用榔头捶打青麻，很受工匠们的欢迎和尊重。

蔡伦时刻都在思考改进造纸的方法，但苦于无从入手。为此他饭也吃不香、觉也睡不

蔡伦肖像

安。一天中午，他趴在桌上小憩，恍惚之中，他来到作坊旁的晒纸场。明亮的阳光下，灰蒙蒙的青麻纸一会儿变成黄色，一会儿又变成白色了。他伸手去抚摸纸面，感到十分平滑。忽然，天空中传来一阵雷声，紧接着哗哗地下起大雨来。"快收纸！"他大声喊着，随后就一下子惊醒了，原来是一场梦！他再也睡不着了，心想：能否改变造纸原料的配方呢？

他从家里找出一小捆破布头，立即赶到作坊。他找来最有经验的工匠王腊，叫他把破布头洗净，加入泡料的缸里。七八天以后，纸晒出来了。这一次造出的纸平滑得多，和梦里见到的那种灰白的纸差不多。蔡伦的心

中充满了无限的喜悦和希望。

随后，他和工匠王腊又经过多次试验，分别用柯皮、麻头、破布、旧渔网等做原料，再加入不同的填料和染料，制成了不同规格、不同质量、不同用途的纸。他造出的纸价廉物美，适合书写，很快得到了推广，并进入了寻常百姓家庭。

蔡伦的造纸术，后来被传到世界各地，经过各地技术人员和工匠一两千年的不断改进，造出了各种各样的书写纸、包装纸、建筑板纸等，为人类文明的传播做出了不可磨灭的贡献。

█ 火 药

火药的发明应归功于炼丹家，它的问世经历了一个较长时间的孕育过程。在古代炼丹家的炼丹活动中，硫磺和硝是常用的药品。硫磺被视为"能化金银铜铁奇物"，硝石被认为可"久服轻身"，它们的易燃性亦在炼制活动中被炼丹家所认识。到了9世纪的唐代中叶时，炼丹家更发现了把硫磺、硝和炭混合在一起加热，会发生爆燃，引起火灾，烧伤人的手面，烧毁房屋。由此，人们便把以硫磺、硝和炭为主要成分配制而成的药物称为火药。在经过一段探索后，火药开始被实际应用。火药被引入医学，成为药物，用于治疗疮癣，以及杀虫、辟湿气瘟疫。

火药被引入军事，成为具有巨大威力的新型武器，并引起了战略、战术、军事科技的重大变革。大约在10世纪初的唐代末年，火药开始在战争中使用。初期的火药武器，爆炸性能不佳，主要是用来纵火。随着工艺的改进，火药的爆炸性能加强，新型的火器亦不断出现。《武经总要》中，记载有个火药配方，其中硝、硫、炭三者的比例分别为60%：30%：10%；61.54%：30.77%：7.69%；74%：26%（硝：硫），已接近于现代黑色标准火药的配比。该书中还记载了一种叫做"霹雳火球"的火器，点燃后声如霹雳，为爆炸性火器之肇始。13世纪上半叶，制造出具有巨大爆炸力的火器。1232年，元兵攻打金人的南京（今河南开封）时，金兵曾使用一种叫

"震天雷"的武器，"火药发作，声如雷震，热力达半亩之上，人与牛皮皆碎迸无迹，甲铁皆透"，可见爆炸威力之强。

新式的管形火器也在 13 世纪的南宋时期出现。管形火器的出现，表明人类已在更高的层次了解火药的性能，能够更加有效地控制和操纵烈性火药。最先出现的管形火器是火枪，发明于 1233 年。它用巨竹制成，用以喷射火焰。1259 年又发明了突火枪，也是用巨竹制成，内安子窠，点燃后"子窠发出，如炮声，远闻百五十余步"。宋时 1 步为 5 尺，约相当于 1.58 米。到了宋末或元初，管形火器已先后用铜或铁铸制，大型的叫火铳，小型的叫手铳，已经具备了近现代枪炮的雏形。

火药在古代还用来制作娱乐用的焰火。逢年过节时，不管达富贵人还是平民百姓，都喜欢放爆竹、燃焰火，增添节日的喜庆。此外，火药被利用于开山、破土、采矿等。

火药的发明是我国人民对世界科学所做的巨大贡献之一，为人类的文明史写下了不朽的篇章。12 世纪时，火药还未传入欧洲，士兵们只得像唐·吉诃德那样，骑在马上用盾牌、长矛、刀剑进行冲杀。人民根本无法用这些原始的武器，冲开贵族领主们所盘踞的坚固城堡。一直到元代初期，蒙古人西征中亚、波斯等地时，阿拉伯人才通过交战知悉了包括火箭、毒火球、火炮、震天雷在内的火药武器，进而掌握了火药的制造和使用。欧洲人又是在和阿拉伯的战争中，接触和学会了制造火药和火药武器的。火药、火器传到欧洲，不仅对作战方法本身，而且对资产阶级战胜封建贵族起了一定作用。恩格斯曾这样评价过："火药和火器的采用绝不是一种暴力行为，而是一种工业的，也就是经济的进步。"

候风地动仪

候风地动仪是汉代科学家张衡的又一传世杰作。在张衡所处的东汉时代，地震比较频繁。据《后汉书·五行志》记载，自和帝永元四年（公元92 年）到安帝延光四年（公元 125 年）的 30 多年间，共发生了 26 次大的地震。地震区有时大到几十个郡，引起地裂山崩、江河泛滥、房屋倒塌，造成了巨大的损失。张衡对地震有不少亲身体验。为了掌握全国地震动态，他经过长年研究，终于在阳嘉元年（公元132年）发明了候风地动仪——世界上第一架地震仪。

候风地动仪复制模型

据《后汉书·张衡传》记载，候风地动仪"以精铜铸成，圆径八尺"，"形似酒樽"，上有隆起的圆盖，仪器的外表刻有篆文以及山、龟、鸟、兽等图形。仪器的内部中央有1根铜质"都柱"，柱旁有8条通道，称为"八道"，还有巧妙的机、关。樽体外部周围有8个龙头，按东、南、西、北、东南、东北、西南、西北8个方向布列。龙头和内部通道中的发动机关相连，每个龙头嘴里都衔有1个铜球。对着龙头，8个蟾蜍蹲在地上，个个昂头张嘴，准备承接铜球。当某个地方发生地震时，樽体随之运动，触动机关，使发生地震方向的龙头张开嘴，吐出铜球，落到铜蟾蜍的嘴里，发生很大的声响。于是人们就可以知道地震发生的方向。

汉顺帝阳嘉三年十一月壬寅（公元134年12月13日），地动仪的一个龙机突然发动，

张衡雕像

吐出了铜球，掉进了那个蟾蜍的嘴里。当时在京城（洛阳）的人们却丝毫没有感觉到地震的迹象，于是有人开始议论纷纷，责怪地动仪不灵验。没过几天，陇西（今甘肃省天水地区）有人飞马来报，证实那里前几天确实发生了地震，于是人们开始对张衡的高超技术极为信服。陇西距洛阳有1000多里，地动仪标示无误，说明它的测震灵敏度是比较高的。

据学者们考证，张衡在当时已经利用了力学上的惯性原理，"都柱"实际上起到的正是惯性摆的作用。同时张衡对地震波的传播和方向性也一定有所了解，这些成就在当时来说是十分了不起的，而欧洲直到1880年，才制成与此类似的仪器，比起张衡的发明足足晚了1700多年。

关于地动仪的结构，目前流行的有2个版本：①王振铎模型（1951年），即"都柱"是一个类似倒置酒瓶状的圆柱体，控制龙口的机关在"都柱"周围。这一种模型最近已被基本否定。②另一种模型由地震局冯锐（2005年）提出，即"都柱"是悬垂摆，摆下方有一个小球，球位于"米"字形滑道交汇处（即《后汉书·张衡传》中所说的"关"），地震时，"都柱"拨动小球，小球击发控制龙口的机关，使龙口张开。另外，冯锐模型还把蛤蟆由面向樽体改为背向樽体并充当仪器的脚。该模型经模拟测试，结果与历史记载吻合。

那么，地动仪的内部结构究竟什么样子呢？有不少学者对此作过探讨。早在南北朝时，北齐信都芳撰《器准》、隋初临孝恭作《地动铜仪经》都对之有所记述，并传有它的图式和制作方法。可惜的是唐代以后，二书均失传。今人的研究则以王振铎之说影响最大。王振铎根据前人的猜测，讨论了地动仪内部可能有的各种结构，最后推断都柱的工作原理与近代地震仪中倒立式震摆相仿。具体说来，都柱就是倒立于仪体中央的1根铜柱，8道围绕都柱架设。都柱竖直站立，重心高，一有地动，就失去平衡，倒入8道中的1道。8道中装有杠杆，叫做牙机。杠杆穿过仪体，连接龙头上颌。都柱倾入道中以后，推动杠杆，使龙头上颌抬起，将铜丸吐出，起到报警作用。

毕昇发明活字印刷术

公元 1041～1048 年，平民出身的毕昇用胶泥制字，把胶泥做成四方长柱体，一面刻上单字，再用火烧硬，使之成为陶质，一个字为一个印。排版时先预备一块铁板，铁板上放松香、蜡、纸灰等的混合物，铁板四周围着一个铁框，在铁框内摆满要印的字印，摆满就是一版。然后用火烘烤，将混合物熔化，与活字块结为一体，趁热用平板在活字上压一下，使字面平整。便可进行印刷。用这种方法，印二三本谈不上什么效率，如果印数多了，几十本以至上千本，效率就很高了。为了提高效率常用 2 块铁板，一块印刷，一块排字。印完一块，另一块又排好了，这样交替使用，效率很高。常用的字如"之"、"也"等字，每字制成 20 多个印，以备一版内有重复时使用。没有准备的生僻字，则临时刻出，用草木火马上烧成。从印板上拆下来的字，都放入同一字的小木格内，外面贴上按韵分类的标签，以备检索。毕昇起初用木料做活字，实验发现木纹疏密不一，遇水后易膨胀变形，与黏药固结后不易去下，才改用胶泥。

毕昇雕像

这就是最早发明的活字印刷术。这种胶泥活字，称为泥活字，毕昇发明的印书方法和今天的比起来，虽然很原始，但是活字印刷术的 3 个主要步骤——制造活字、排版和印刷，都已经具备。北宋时期的著名科学家沈括在他所著的《梦溪笔谈》里，专门记载了毕昇发明的活字印刷术。

毕昇发明活字印刷，提高了印刷的效率。但是，他的发明并未受到当时统治者和社会的重视，他死后，活字印刷术仍然没有得到推广。他创造的胶泥活字也没有保留下来，但是他发明的活字印刷技术，却流传下去了。

1965 年在浙江温州白象塔内发现的刊本《佛说观无量寿佛经》经鉴定为北宋元符至崇宁（1100～1103 年）年活字本。这是毕昇活字印刷技术的最早历史见证。

谷登堡发明印刷机

中国的毕昇发明活字印刷术的 400 年后，德国人谷登堡（约 1398～约 1468 年）于 1450 年研制成功了利用铸造的活铅字，进行活版印刷的技术。并在 2 年之后，建立了印刷所。在欧洲及世界印刷史上留下了光辉的一页。

大约在 1398 年，约翰·谷登堡出生于德国一个叫美茵兹的村镇，他的双亲当时过着富裕的生活。假如他的一生平稳而没有波折，那么，谷登堡本来是会顺利的进行实验。但是当时美首兹村镇居民发生了冲突，谷登堡家族支持的一方在这场斗争中被击败，他们一家不得不仓皇逃到美茵兹以南 160 千米处的斯特拉斯堡。这件事情发生在 1430 年左右。

此后，谷登堡开始经商，直到 1435 年。至于他从事何种经商活动，历史学家已无从考察。后来，他因商业纠纷被卷进一场诉讼之中，在诉讼中曾出现过"印刷"一词。由此可以推断，谷登堡研究印刷术至少是从这时候开始的。

1450 年，谷登堡又回到了美茵兹，专门从事印刷工作。为购置印刷工具，他向一个名叫约翰·福斯特的人借了 800 个荷兰盾。这件事说明了谷登堡对研究印刷术是何等热心。据说，他连续 20 年从事印刷术的各种实验，耗尽了大量的钱财，付出了艰苦的努力。而印出的印刷品质量却一直不太理想，因此，他并没有从中得到任何利益。

1454年，谷登堡开始出版拉丁文版本圣经，版面分左右2排，每页42行，每页上都画有美丽的图案。谷登堡把自己的全部力量都倾注在这项工作上。完成这项工作，将使他达到一生事业的顶峰，但就在这时，却发生了福斯特逼债胁诉讼事件。

在诉讼中，谷登堡败北，他不得不将自己的印刷工具和机械全部抵押给福斯特。因此，谷登堡没有能最终完成圣经的印刷。圣经的印刷和发行最后是由福斯特和一个叫彼得·舍弗尔的人共同完成的。福斯特和舍弗尔作为印刷业者获得了成功，而谷登堡却身陷窘境。

谷登堡后来又筹借到了一些资金，继续经营印刷业。他并不因失败而灰心，然而，他却始终没有跳出债务的困境。

谷登堡一生遭逢厄运，终于在1468年左右事业失败，死在美茵兹。

谷登堡的最大贡献在于他不仅创造了铜字模，使活字达到了规范化的要求，而且使用了铅、锡、锑等合金铸造了软硬适度、成型美观的活字。同时，他还首先创制了木制的印刷机，这种印刷机可以在纸张两面印字，这是他在改进了所使用的小型压缩机基础上研制出来的。所以，现在把印刷机叫作压缩机也是来源于此。

他还发明了印刷油墨，即一种葡萄液。大幅度地提高了印刷的速度和质量，为印刷的机械化作出了重大的贡献，使早期的近代印刷术臻于完善。谷登堡虽然作为人生的失败者与世长辞，但是，他的业绩却是人类的最大的硕果之一，他的名字永载印刷技术发展史的史册。

苹果落地引起的思考

1642年，伟大的近代科学的先驱者伽利略逝世了，但是另一位科学巨人伊萨克·牛顿在这一年的12月25日圣诞节的早晨，诞生在英国林肯郡的伍尔索普村。牛顿是近代自然科学史上最负盛名的科学家之一。他对力学、

人类文明史上伟大的创造

RENLEIWENMINGSHISHANGWEIDADECHUANGZAO

光学、热学、天文学和数学等学科，都有重大的发现。他总结了力学的三大定律，证明了万有引力，统一了天体物理学和地球物理学，发明了三棱镜和反射望远镜……

少年时代的牛顿是一位普通的农村少年，没有什么神童或天才的迹象。但他与伽利略相似，喜欢动手制作会动的玩具，对机械制作和实验有着浓厚的兴趣，同时他也很喜欢数学和绘画。1661 年，牛顿考入英国名牌大学——剑桥大学，从师于巴罗教授，学业大有长进，开始显示出非凡的才能。1665 年，牛顿毕业后，为了继续搞研究，他仍留在大学的研究室工作。

可是，就在这年的 6 月，淋巴腺鼠疫席卷英国，剑桥大学被迫停课。牛顿无奈回到伍

牛顿肖像

尔索普乡间的老家，他利用这段在家避瘟疫的时间，对自然科学中许多领域的问题，进行了认真的思考。他最重大的发现也是在这段时间里完成的。

1666 年的一个秋日，天空晴朗，万里无云，灿烂的阳光像往常一样照耀着伍尔索普村。这天，牛顿一早起来就在屋里埋头读书，感到有些疲倦。他想休息一下，于是，手里拿着笔记本到后院散步去了。后院连着苹果园，那里的苹果树上结满了通红的苹果，在阳光的沐浴下闪闪发光，格外好看。

牛顿无心欣赏这田园风光，他的脑子里装满了哥白尼的日心说。这一学说从一开始就遭到罗马教廷在宗教上的残酷迫害，可是，由于伽利略、开普勒等人的研究，即使是反对日心说的人也不得不承认这一学说的正确。关于地球、火星、金星等行星的运动规律，也已由开普勒定律证明了。至

于行星为什么要那样运行，谁也不知道。

"为了使地球、火星、金星等围绕太阳运转，太阳必须牵引着这些行星。为了使月球围绕地球运转，同样地球也必须牵引着月球。因此天体之间肯定是引力在起作用。"

正当坐在苹果树下的牛顿沉浸在苦苦思索之中时，忽然有一个苹果从树上落下来，掉在他身边。

他看见了，觉得很奇怪，他想："这个苹果为什么会落下来呢？是因为它熟透了吗？可是，它熟透了为什么只向地上落，而不向天上飞呢？"

"苹果落地，那是因为地球在吸引它。地球对苹果的引力，就是在高山上也不会减弱。如此说来，这种地球引力也能够到达月球了！"牛顿的眼里闪出了奇异的光芒，长期以来思考的问题终于找到了解决的线索。

于是，牛顿开始在笔记本上画了起来。地球是圆的，在地面高处的任何一点，把一块石头轻轻放开，石头就会作自由落体运动，而落到这一点的正下方，这是由于地球对石头有一种引力。如果不是将石头轻轻放手，而是向水平方向抛出，石头就会落到离这点较远的地方，其运行轨迹是一条抛物曲线，而且速度越大落地越远，这是因为石头在作水平运动的同时，也受地球引力的作用，所以飞过的路线是曲线。

如果抛出的速度特别快的话，它就不落到地面上，而且沿着一定的轨道，围绕着地球转起来。那么，月球之所以能以一定距离围绕地球运动，就是月球总是向地球方向下落的缘故。就像苹果落地一样，月球也是向着地球下落的。

"啊！我明白了。"牛顿从地上一跃而起，高兴得一边大声喊着，一边往家跑去。

晚上，在烛光下，牛顿开始根据笔记本上的记录计算起来，得出了地球引力的减弱是与地球中心到月球的距离的平方成反比的。这就是"平方反比律"。后来他又联想到太阳、行星，也计算出引力同距离的平方成反比。这时，牛顿已经发现了万有引力定律，但他却把它放到桌子里了，因为他认为在未能证明这一定律的正确性之前是不能发表的。

直到 1687 年，牛顿在证明了万有引力定律后，才最终在《自然哲学的

人类文明史上伟大的创造

RENLEIWENMINGSHISHANGWEIDADECHUANGZAO

数学原理》一书中发表了自己的万有引力定律和运动三定律。该书中提出大量的新科学知识，使世界面貌发生了永久性的变化。

▉ 电池的诞生

1780 年 11 月的一天，意大利波洛尼亚大学解剖学教授伽伐尼，正在和 2 名助手做青蛙切片。青蛙放在桌上，离青蛙不远处有一台起电机。伽伐尼全神贯注地手拿灵巧的解剖刀，准确地切开青蛙的腹部肌肉，找出青蛙的下肢神经。这时，一名助手不小心把解剖刀轻轻地碰到青蛙腿上的神经，蛙腿痉挛地抖了一下，同时另一名助手看到起电机上刚好产生了一个火花。伽伐尼和助手们对这个现象惊奇极了。于是，他们又重复做了几次实验，都得到同样的结果。

做了多年解剖的伽伐尼，解剖过的青蛙、兔子、猪、羊等何止几百几千，可从来也没有见过已经死了的动物还会像活的一样伸动。然而，摆在桌子上的明明是一只没头的死青蛙，可为什么一碰手术刀就会伸动起来呢？

最初伽伐尼设想蛙腿痉挛可能是大气电的变化所引起的。于是，为了验证这个设想，他在一个雷雨交加的早晨，把早已准备好的青蛙用铜钩钩着蛙腿悬挂在铁栏杆上，另用一根铁丝把蛙腿和地面连接起来。突然，一个闪电划破天空，在

伽伐尼肖像

青白色的亮光中，他可以清楚地看到蛙腿在伸动。后来，他又选择了一个晴朗的中午，照例把几只用铜钩钩着的蛙腿悬挂在铁栏杆上，结果蛙腿也能伸动。这说明蛙腿痉挛和大气电的变化无关。

实验继续进行下去。这一次，伽伐尼用 2 种不同的金属分别触及死蛙的肌肉和神经，并把 2 种金属联结起来，青蛙的肌肉也会抽搐颤动起来。

本来，这些现象应该使伽伐尼认识到，青蛙的抽搐来自外界的电流。然而，一向酷爱研究生物电现象的伽伐尼却认为，这是青蛙的生物电与外界构成了回路，动物神经中有电源，金属只不过起导电作用而已。就如同莱顿瓶放电时，电液从莱顿瓶放出来一样，电液从动物神经内的电源中流出来，刺激神经使蛙腿痉挛。伽伐尼把这种电称为动物电。

1791 年，伽伐尼发表了论文《论肌肉运动中的电力》，将自己的发现，按照自己的分析向科学界作了公开说明。因为当时人们已发现有些鱼类（如电鳗和电鳐）是带电的，当用一根导线把这些鱼的背部和下部连接起来时，会观察到放电现象，所以伽伐尼的动物电想法也被许多人所接受。伽伐尼的发现和理论在整个欧洲科学界引起极大的震动和兴趣，也吸引了许多人在这方面做深入的研究。

1793 年的一天，助手给伽伐尼带来了意大利另一位青年科学家伏打实验的消息，并把实验结果交给了他。伏打大胆地采用了伽伐尼没有用过的方法进行新的实验：他把青蛙实验中使用的性质不同的 2 块金属板，改成性质相同的金属板，结果青蛙腿立即停止了抽搐。他又重复多次这样的实验，结果都一样。伏打由此得出结论：使青蛙抽搐的能量，的确来自一种新的电能，但这种电能不是动物电，而是由 2 块不同性质的金属板的接触产生的。若用同种性质的金属做实验，青蛙就不会产生抽搐现象。

伽伐尼对这样的实验结果感到十分震惊。他马上跑到实验室重复伏打的实验，果真如此。但伽伐尼仍不肯放弃他的理论，此后，他和伏打为了证明各自观点的正确性开始了长期的论战。这场科学论争最终使伏打发明了世界上最早的电池——伏打"电堆"，使人类第一次获得了可以连续恒定的电流。

1799 年，即 18 世纪的最后一年，伏打为了给新世纪献上一份厚礼，他抓紧了实验。他制成了一种不同金属片浸入盐水中的装置。不久，他又对这种装置进行改进，把铜片、纸片、锌片等有次序地叠起来，他发现，叠在一起的金属片越多，电流就越大。因此，他把此装置称为"电堆"。

1800年，他把自己的发明用长信寄给了英国皇家学会主席班克斯，班克斯读后大加赞赏，并正式把长信发表在皇家学会学报上。从此，电池的前身开始问世，"伏打电堆"享誉欧洲。

1802年，俄国物理学家彼得洛夫根据伏打的发明，制成了一个由4200个锌圈和铜圈组成的大电堆。同时，美国的黑尔博士制成了另一个大电堆，其电能足以熔化金属。

装订工闯入电磁的世界

1812年12月的一天，英国皇家学会的会员、皇家研究院化学教授汉弗莱·戴维收到一位年轻的书籍装订工寄给他的信，和一本《汉弗莱·戴维在皇家研究院4次化学哲学讲演的记录稿》，这份稿子也是寄信人根据听讲记录整理的，字体工整秀丽。寄信人就是后来鼎鼎大名的科学实验大师迈克尔·法拉第。

法拉第出生在伦敦附近的一个小镇，父亲是铁匠。由于家境不好，他只受到初等教育。后来，他在伦敦一家经营书籍装帧和出租报纸的店铺当学徒。店主是一位非常和善的人，工作之余，他允许法拉第自由地阅读店里的各

法拉第雕像

种书籍。《大英百科全书》和《实验化学》这两本书中所描述的火花放电和水的电解实验深深地吸引了法拉第，从而引导他走上了科学道路。

1812年春天，对法拉第的一生有着重大影响，这一年他结识了戴维教授。有一位在皇家研究院工作的当斯先生看到法拉第勤奋好学就给了他4张戴维在皇家研究院讲演通俗化学讲座的票。戴维的讲演进一步激励了法拉第，他再也按捺不住对科学事业炽热的追求，于是他就给戴维写信，并整理了他所记录的戴维的讲演稿。他在信中还请求戴维能给他提供一个进入科学部门工作的机会。经过戴维的推荐，皇家研究院终于在1813年3月录用法拉第为戴维实验室的助手，从此科学圣殿的大门向一个书籍装订工敞开了。

1819年的一天，戴维收到来自丹麦哥本哈根大学的物理学教授奥斯特的一篇论文，他发现了电流的磁效应，这一发现对英国科学家震动很大。在戴维的影响下，法拉第写了第一篇关于电磁学方面的论文《电和磁的历史梗概》，这篇论文为法拉第在电磁学方面的工作奠定了基础。

奥斯特的发现，也给已经放弃研究工作多年的英国化学家沃拉斯顿以很大震动。1821年4月的一天，沃拉斯顿来到戴维实验室，他告诉戴维他有一个想法，他认为在磁石一端放一根通电的导线，导线会自行旋转，于是他立即着手进行实验，结果实验没有成功，沃拉斯顿的研究兴趣随即消逝了。

但是，旁观的法拉第觉得沃拉斯顿的实验很有希望，认为他的设想是有一定科学根据的。法拉第利用业余时间，一再重复沃拉斯顿的实验，意外的在1821年9月的一天，法拉第真的看到了通电的导线绕着磁石旋转的现象。

"转动了，转动了！"法拉第兴奋得像个小孩子，围着桌子跳起舞来。

在一系列的研究中，法拉第的头脑中酝酿了一个大胆的设想："既然通电可以产生磁铁，为什么不能让磁铁再变得产生电呢？"

在陌生的世界里前进，不能只靠想象办事。法拉第一步步试着向前，但他的研究一次又一次失败了，10个年头一无所成。法拉第并未因此而失去信心，他坚信自己的想法一定能实现。

1831 年 10 月 17 日，法拉第在一个长筒外面绕上铜线，铜线的两端连接着一个灵敏的电流表，当他将磁石棒插入线圈时，一刹那，电流表的指针悠地摆动了一下；当他抽出磁石棒时，电流表的指针又摆动了一下。

"这是怎么回事？"法拉第奇怪地反复试着。一插、一抽都能使电流表的指针摆动，这说明产生了电；如果插入不动，电流表的指针也不动。法拉第一手扶头想着，一手不断地做着插入、抽出的动作，并且速度越来越快，双眼一直注视着电流表指针的法拉第，神色越来越兴奋了，在快速实验中，电流表始终显示着有电的状态。

"啊，关键在于运动！"

法拉第最后得出了结论：磁石棒和铜线圈之间必须有相对的运动，才能产生电流。电磁感应现象就这样被发现了。

此后，法拉第设计并制造了世界上第一部感应发电机。法国的毕基西又在法拉第的研究基础上，完成了直流发电机。1866 年，德国发明家维尔纳·西门子制造出了实用发电机。

法拉第开创了电磁学研究的新时代。他发现了变压器和发电机的工作原理，第一个发现了电解定律；第一次发现真空放电现象中的"阴极暗区"；第一回谈到关于电磁力线和电磁场的问题。至今，电容的计量单位还以他的名字命名为"法拉"或"微法"。

1867 年 8 月 25 日，75 岁的法拉第坐在椅子上安详地去世了。他留下遗嘱，墓碑只刻名字和生卒年，不刻事迹碑文，但他的业绩则永留世间。

电报的发明

1832 年的秋天，一艘从法国拉弗尔港出发，横渡大西洋驶往美国纽约港的"萨丽"号邮客轮，在充满凉意的秋风中平稳地行驶着。旅客们闲聊着欧洲的见闻。这时，一位名叫杰克逊的青年人的讲演吸引了旅客们。杰克逊刚从巴黎电学讨论会上归来，这会儿正在大讲电学研究中的新发现。

杰克逊的出众演讲才能，加上电学新发现的奇特知识，一下子吸引了所有旅客的注意。其中有一个美国画家叫莫尔斯，尽管他对电学知识和机械知识一窍不通，但被杰克逊的演讲深深打动，使他对电学产生了极大兴趣，唤起了他对电学知识应用前景的丰富想象。此后，他告别了从事多年并颇有成就的艺术工作，而投身到科学领域中去了。他在写生的画簿上端端正正地写下了"电报"两个字，这时，莫尔斯已经41岁了。

莫尔斯和他发明的电报

可以想象，莫尔斯要想完成这样的伟大使命是异常艰巨的。丢掉美术，去专门从事电报机的研究，收入就没有了，况且，他的电学知识几乎等于零。为此，他一面在纽约大学当美术教授，解决吃饭问题。一面拜美国大电学家亨利为师，学习电学知识，并把授课以外的时间全部用在学习和研究上。

信心加上努力，莫尔斯完全相信自己的发明一定能够成功。他的画室变成了实验室，画架、画报没有了。电线电池，木工的刀、斧、锯……，钳工的钳、锤、锉……却应有尽有。

很快，莫尔斯就制造了一块电磁铁，发明了一种"继电器"。这种继电器可以解决远距离送电的微弱问题，这一发明增强了莫尔斯的信心。

但是，3年过去了，电报机没有制造出来，莫尔斯的积蓄几乎全部花光，这位业余电报机发明家已经到了进退维谷的地步。放弃就是完全失败，继续尚有一线成功的希望。莫尔斯终于选择了干下去这条路。

多少个不眠之夜，莫尔斯在考虑解决问题的办法。终于有一天，莫尔斯悟出了科学真谛。他在科学笔记上写下这样一段话：

"电火花是一种信号，没有电火花是另一种信号，时间间隔也是一种信号，用这三种信号的不同组合代表不同的字母、数字，就能够把信息通过电线传到另外一个地方去。这样，能够把消息传到远方的崭新工具就可以实现了。"

至此，莫尔斯解决了电报机最棘手的难题："电码软件与电磁硬件的匹配问题。"在电磁效应的装置上，莫尔斯用的是点、划及时间间隔来表达电码内容。这就是我们所说的"莫尔斯符号"。

为了设计和制造新装置，莫尔斯还邀请了一位有机械才能的青年，同他投入紧张的研制工作。经过 1 年多的努力。1837 年 9 月 4 日，莫尔斯终于研制成功了电报机，并能够在 500 米范围内有效地工作。只要在传递路上加上一个继电器就解决了电流衰减问题。电报机进入了实用化阶段，开创了人类通讯的新纪元。

电报机的成功，并没有使莫尔斯满足。他打算在华盛顿和巴的摩尔两个城市之间，架设一条 60 千米长的实验性电报线，为此，他特向美国国会提出了申请 3 万美元实验经费的要求。但国会议员们不相信电报的重要，拒绝了莫尔斯的请求。正在这时，报纸上已经报道了英国已在伦敦着手电报实验，德国也正在研究的消息。莫尔斯虽心中不平，但也只能等待。

5 年过去了，1843 年，美国国会终于批准了建筑第一条长距离电报线路的拨款。经过 2 年多的艰苦施工，莫尔斯和同伴终于建成了连接华盛顿和巴的摩尔长达 60 千米的实验电报线路。

1845 年 5 月 24 日，莫尔斯用一连串的点划，成功地发出了电文，实现了第一次有线电报通讯。

电报随后被广泛应用于各行各业。随着形势的发展，电报事业也在世界范围内蓬勃发展起来。

达尔文与"进化论"

1828 年的一天，在伦敦郊外的一片树林里，一位大学生围着一棵老树转悠。突然，他发现在将要脱落的树皮下，有虫子在里边蠕动，便急忙剥开树皮，发现 2 只奇特的甲虫，正急速地向前爬去。这位大学生马上左右开弓抓在手里，兴奋地观看起来。

正在这时，树皮里又跳出 1 只甲虫，大学生措手不及，迅即把手里的甲虫藏到嘴里，伸手又把第三只甲虫抓到。看着这些奇怪的甲虫，大学生真有点爱不释手，只顾得意地欣赏手中的甲虫，早把嘴里的哪只给忘记了。

嘴里的那只甲虫憋得受不了，便放出一股辛辣的毒汁，把这大学生的舌头蜇得又麻又痛。他这才想起口中的甲虫，张口把它吐到手里。然后，不顾口中的疼痛，得意洋洋地向市内的剑桥大学走去。

达尔文肖像

这个大学生就是查理·达尔文。后来，人们为了纪念他首先发现的这种甲虫，就把它命为"达尔文"。

1809 年 2 月 12 日，达尔文出生在英国的施鲁斯伯里。祖父和父亲都是当地的名医，家里希望他将来继承祖业，16 岁时便被父亲送到爱丁堡大学学医。

但达尔文从小就热爱大自然，尤其喜欢打猎、采集矿物和动植物标本。进到医学院后，他仍然经常到野外采集动植物标本。父亲认为他"游手好闲"、"不务正业"，一怒之下，于1828年又送他到剑桥大学，改学神学，希望他将来成为一个"尊贵的牧师"。

人类的进化

达尔文对神学院的神创论等谬说十分厌烦，他仍然把大部分时间用在听自然科学讲座，自学大量的自然科学书籍，热心于收集甲虫等动植物标本，对神秘的大自然充满了浓厚的兴趣。

1831年，达尔文从剑桥大学毕业。他放弃了待遇丰厚的牧师职业，依然热衷于自己的自然科学研究。这年12月，英国政府组织了"贝格尔"号军舰的环球考察，达尔文经人推荐，以"博物学家"的身份，自费搭船，开始了漫长而又艰苦的环球考察活动。

达尔文每到一地总要进行认真的考察研究，采访当地的居民，有时请他们当向导，跋山涉水，采集矿物和动植物标本，挖掘生物化石，发现了许多没有记载的新物种。他白天收集谷类岩石标本、动物化石，晚上又忙着记录收集经过。1832年1月，"贝格尔"号停泊在大西洋中佛得角群岛的圣地亚哥岛。水兵们都去考察海水的流向。达尔文和他的助手背起背包，拿着地质锤，爬到山上去收集岩石标本。

一路上，达尔文把各式各样的石头敲下来放进背包，有黑色的、白色的，还有夹着一束花纹的。一会儿，背包便放满各种各样的石头，背包带深深地勒进达尔文的肉里，浑身上下都被汗水浸透了。

"达尔文先生，这些乱七八糟的石头，到底有什么用?"看着吃力向前爬行的达尔文，助手不解地问。

"你看，石头是有层次的，每层石头里有着不同的贝壳和海生动物的遗骨，它能告诉我们不同年代的生物！"达尔文喘着粗气说道。

　　助手总算明白了一些，赶忙从达尔文身上接过背包，背在自己的肩上。

　　在考察过程中，达尔文根据物种的变化，整日思考着一个问题：自然界的奇花异树，人类万物究竟是怎么产生的？他们为什么会千变万化？彼此之间有什么联系？这些问题在海里越来越深刻，逐渐使他对神创论和物种不变论产生了怀疑。

　　1832年2月底，"贝格尔"号到达巴西，达尔文上岸考察，向船长提出要攀登南美洲的安第斯山。

　　舰长吃了一惊，急忙说道："这山又高又长，您怎么走得过去？""我就是要走前人没走过的路！"达尔文坚定地说道。舰长被他的精神所感动，答应了他的要求，为了安全起见，又派了向导和骡马一同前往。

　　当他们扑到海拔4000多米的高山上时，达尔文意外地在山顶上发现了贝壳化石。达尔文非常吃惊，他心中想到："海底的贝壳怎么会跑到高山上了呢？"经过反复思索，他终于明白了地壳升降的道理。心中异常激动地说道："看来，这条高大的山脉地带，在亿万年前，原来是一片大海洋啊！"

　　达尔文抑制不住内心的激动，带领大家一直往上爬去。到了安第斯山的最高峰，达尔文忽觉心胸开朗了许多。他俯瞰山下，突然发现山脉的两边，植物的种类并不相同。再仔细一看，即使同一种类，样子也相差很远。它们为什么会有明显的差别呢？

　　达尔文脑海中一阵翻腾，对自己的猜想有了更进一步的认识："物种不是一成不变的，而是随着客观条件的不同而相应变异！"

　　后来，达尔文又随船横渡太平洋，经过澳大利亚，越过印度洋，绕过好望角，于1836年10月回到英国。

　　在历时5年的环球考察中，达尔文积累了大量的资料。回国之后，他一面整理这些资料，一面又深入实践，同时查阅大量书籍，为他的生物进化理论寻找根据。1842年，他第一次写出《物种起源》的简要提纲。1859年11月达尔文经过20多年研究而写成的科学巨著《物种起源》终于出版了。在这部书里，达尔文旗帜鲜明地提出了"进化论"的思想，说明物种是在不断的变化之中，是由低级到高级、由简单到复杂的演变过程。

这部著作的问世，第一次把生物学建立在完全科学的基础上，以全新的生物进化思想，推翻了"神创论"和物种不变的理论。《物种起源》是达尔文进化论的代表作，标志着进化论的正式确立。

《物种起源》的出版，在欧洲乃至整个世界都引起轰动。它沉重地打击了神权统治的根基，从反动教会到封建御用文人都狂怒了。他们群起攻之，诬蔑达尔文的学说"亵渎圣灵"，触犯"君权神授天理"，有失人类尊严。

与此相反，以赫胥黎为代表的进步学者，积极宣传和捍卫达尔文主义。指出：进化论轰开了人们的思想禁锢，启发和教育人们从宗教迷信的束缚下解放出来。

紧接着，达尔文又开始他的第二部巨著《动物和植物在家养下的变异》的写作，以不可争辩的事实和严谨的科学论断，进一步阐述他的进化论观点，提出物种的变异和遗传、生物的生存斗争和自然选择的重要论点，并很快出版这部巨著。晚年的达尔文，尽管体弱多病，但他以惊人的毅力，顽强地坚持进行科学研究和写作，连续出版了《人类的由来》等很多著作。

1882 年 4 月 19 日，这位伟大的科学家因病逝世，人们把他的遗体安葬在牛顿的墓旁，以表达对这位科学家的敬仰。

炸药大王死里逃生

1866 年 8 月的一天，"轰隆"一声巨响，打破了德国汉堡城的平静，一股股黑糊糊的浓烟从人称"炸药大王"的诺贝尔家的实验室涌了出来。人们失声地惊喊："诺贝尔！诺贝尔给炸死了！"

正当人们惊魂未定时，浓烟中跌跌撞撞冲出一个满脸鲜血、浑身乌黑的人，嘴里狂呼着："我成功了！我成功了！"是诺贝尔！他还活着，人们为诺贝尔感到庆幸，这个"炸药大王"又一次死里逃生了。

说起炸药，它本是中国古代的四大发明之一，早在 1000 多年前，我国民间就流传着"一硝二磺三木炭"的说法，这就是火药的简易配方，用化学反应式表示火药的燃烧，可以看出，火药燃烧后，其体积约比原体积增大 2000 倍，所以将火药放入密闭的容器中点燃后就会爆炸。

13 世纪时，火药从中国经印度传给阿拉伯人，又由阿拉伯人和火药武器一起经过西班牙传入欧洲。

19 世纪欧洲的工业飞速发展，蒸汽机的使用，军备竞赛的开展，还有采煤、开矿、筑路等，都迫切需要炸药。而中国人发明的"黑色火药"威力不大，满足不了欧洲市场对火药的需求。于是，不少化学家纷纷投入了炸药的研究，以研制出比"黑色火药"威力更大的炸药。

诺贝尔肖像

1837 年，法国科学家贝兹用浓硝酸处理纤维质，得到硝化棉，又称火药棉。

1847 年，意大利化学家苏伯诺用硝酸和硫酸的混合剂加入无水甘油，制得一种黄色油状液体——硝化甘油。硝化甘油是一种烈性的物质，稍一受热或稍一碰撞，它就会爆炸，对它的制造、运输、贮存、使用都无法很好地控制，一不小心就会招致横祸，为此，人们称它是难以驯服的"野马"，不少人在它面前退却。

1860 年，27 岁的瑞典化学家诺贝尔却勇敢地知难而进了。他决心要解决硝化甘油的人工引爆这个大难题，给这匹"野马"套上"笼头"，制服它，让它为人类造福。从此，诺贝尔开始了他充满艰辛、时时与死神较量的"炸药大王"的生涯。

1862 年，诺贝尔首次进行了以普通火药作硝化甘油引爆物的试验，虽获得成功，但效果不够理想。诺贝尔又开始寻求更有效的引爆物。

一次次的实验，一次次的失败，1864 年最不幸的灾难落在诺贝尔的头上：在一次实验中发生了极为猛烈的硝化甘油大爆炸，整个实验室随着一声巨响化为废墟，5 名实验人员当场身亡，其中就有诺贝尔 21 岁的小弟弟。他的父亲老诺贝尔重伤致残，他的哥哥也身负重伤。他本人因当时不在实验室，才幸免于难。这就是轰动一时的"海伦堡事件"。

巨大的悲痛、试验的惨败以及社会的压力，并没有动摇诺贝尔继续研究的决心。政府下禁令"不准在瑞典土地上搞炸药实验"。诺贝尔便在偏僻的梅拉尔湖上租了只篷船当实验室，继续搞实验。

试验中，他发现雷酸汞对震动十分敏感，便打算用它做引爆物。经过400 多次的试验，1865 年诺贝尔的试验终于获得了成功，一种新的引爆装置——雷管诞生了。诺贝尔用鲜血和毅力创造了雷管这个"笼头"，死死地套住了硝化甘油这匹难以驯服的"野马"。

诺贝尔的雷管得到了科学界的高度评价，称它是"自发明火药以来，爆炸学领域最伟大的成就"。

雷管问世的当年，诺贝尔创建了世界上第一个硝化甘油有限公司。可是，正当诺贝尔的事业刚刚起步要大干一番的时候，厄运降临了，由于硝化甘油是液状物质，一受震动又容易爆炸，这给运输和贮存都带来了难题，接二连三的爆炸事故，使诺贝尔成了闻名世界的"贩卖死亡的商人"，成了被指责、被控告的对象。瑞典政府严令禁运诺贝尔的炸药，法国、英国、葡萄牙等国也纷纷禁止制造、贮存和使用硝化甘油。

在严峻的考验面前，诺贝尔以一个优秀的科学家所具备的不屈不挠的精神，再次向硝化甘油这匹"野马"挑战了，他立志要找到一种安全运输和贮存硝化甘油的办法。

又是一次次的试验，本文开头的那场险些要了诺贝尔命的试验就是其中之一。正是这次试验，诺贝尔成功地制造了便于贮存和运输的固体炸药。它是用硝化甘油与吸收力强、化学性能稳定的硅藻土混合而成。因呈黄色，诺贝尔称其为"黄色炸药"。

硝化甘油这匹"野马"终于被"炸药大王"彻底驯服了。

"黄色炸药"很快畅销全球，为世界各地工业、矿业、交通业立下了汗马功劳。随着炸药一声声震耳欲聋的爆炸声，诺贝尔的名字响彻世界各地。

诺贝尔是科学征程上一个永不满足的探索者。

1875年，历经250多次实验，诺贝尔和他的助手终于用火药棉和硝化甘油研制成一种胶质炸药，这种叫"爆炸胶"的炸药比"黄色炸药"爆炸力更强、性能更稳定、使用更安全、成本更低廉，很快被世界各国普遍购用。

1879~1887年间，8年的苦干，诺贝尔又研制成无烟炸药（在硝化甘油中加入10%的樟脑而成）。这种炸药可制成各种形状，燃烧快、无烟雾、无残渣，被科学界称之为"杰出的新发明"。

诺贝尔把毕生奉献给了科学，科学也给了他丰厚的回报。他共拥有炸药专利权及其他发明专利权355项，被世人尊为"炸药工业之父"。

如今，人们一提起这位"炸药大王"的名字便有"如雷贯耳"之感的原因不是他的炸药，而是著名的"诺贝尔奖"。

说起"诺贝尔奖"的来历，也与炸药有关。诺贝尔研制炸药本是为了生产建设，为给人类造福。可是战争贩子们却把炸药当作杀人武器，给人类带来了灾难。这使一生厌恶战争，热爱和平和人民的诺贝尔十分痛心。他甚至想发明一种能制止战争的"炸药"。他的这种"炸药"虽然未能发明出来，但他在1896年临终前立下了遗嘱，将自己毕生发明所积累的巨大财富（约3300万瑞士克郎）除极少部分赠与亲友外，其余3100多万瑞士克郎全部献给国家，作为奖励那些在科学、文学和世界和平事业上对人类有杰出贡献的人们。这就是这位"炸药大王"给世界留下的他一生中的最后一项伟大发明——诺贝尔奖。

■ 电话的发明

波士顿大学的语音学家贝尔教授，以他从事一种奇怪的实验而出名。在他的研究室里，摆着用橡胶做成的人头和喉咙的怪模型，模型连着地上的风箱，风箱一动，模型就能发出奇怪的声音，原来这是贝尔用来研究人类发声的一种装置。

这时，正是莫尔斯发明电报不久，人们对电的作用产生了极强烈的印象，贝尔也怀着浓厚的兴趣在业余时间进行研究。贝尔想，既然电流能够传递电波信号，为什么不能传播音波信号呢？贝尔打算研究电话，为此，他辞去了工作，全身心地投入到电话的研制中去。

万事开头难，贝尔自己有限的知识还解决不了这个问题，他想来想去，觉得只有请教专家指点。于是，他来到华盛顿，求教于素不相识的老科学家亨利，亨利给贝尔以极大的鼓励，从而增强了他的信心。一位志同道合的 18 岁的技师沃森成了他的搭档，有了沃森的合作和帮助，贝尔用一丝不苟的态度和火一般的激情，向认定的目标努力奋斗。

电磁铁片的振动膜研制成功了。螺旋线圈的振动簧片，已达到设计要求。讯号共鸣箱也宣告完成了。贝尔和沃森还在波士顿柯特大街 109 号租下了 2 间废弃多年的马车棚，把它们改造成了隔音效果非常理想的"听音室"和"喊话室"。

经过 2 年的研究，无数次地拆装实验，经历了无法统计的挫折失败，两位年轻人终于看到了胜利的曙光。

1875 年 6 月 2 日是一个令人难忘的日子，这一天，贝尔和沃森像往常一样重复着讯音共鸣试验，坐在听音室的贝尔，突然听见了放在桌上的模型里传来"咯拉""咯拉"微弱不清的声响。贝尔一下子从椅子上跳了起来，他依靠着自己特殊的语音学家的敏锐听觉，判断出它不是脉冲电流产生的声音，而是从喊话室里传来的声音。

贝尔兴奋地跑到助手的房间来：

"你在干什么？不要再动这个机器了！"

"我在修理机器！"

"我在那个房间里听见了机器的响声。"

"是吗？……"

沃森用自己的手在机器上触了触，果然有一种极微弱的响声。

"就是这个声音，我们听见这个声音了！"

两个人的奋斗，到今天可以听到机器的响声，不论怎样，研究是取得了初步成果。他们继续实验，在现有的仪器前，任凭他们怎样大声喊叫，始终听不清楚声音。

"为什么发出的声音不清楚?"

两人仔细研究后，认为毛病在金属振动板上，他们废寝忘食地一点点试着磨金属板，一次次实验，声音也一次比一次逐渐清晰起来。

1876年，他们终于制成了第一套传话器和听筒，贝尔还获得了美国专利局的专利证书，这时，贝尔刚刚29岁，沃森仅22岁。

1878年，贝尔和沃森在波士顿和纽约之间首次进行了长途电话实验，两地相距300千米，实验取得了圆满成功，这一成功是得益于爱迪生的发明的。为了使电话跨越长距离，爱迪生改进了电话的送话器，在其中加大了感应线圈，使电话达到了实用化。这一年，贝尔电话公司正式成立。

由于电话的社会信息传递异常便利，因此在世界范围内广泛发展，成为各个领域中的必要设施。一个对电学知识一窍不通的贝尔，能够发明电话，也说明了谁敢于攀登，谁不怕困难和失败，那么，谁就可能做出较大的贡献。

■ 爱迪生发明电灯

在电灯问世以前，人们普遍使用的照明工具是煤油灯或煤气灯。这种灯因燃烧煤油或煤气，因此，有浓烈的黑烟和刺鼻的臭味，并且要经常添加燃料，擦洗灯罩，因而很不方便。更严重的是，这种灯很容易引起火灾，酿成大祸。多少年来，很多科学家想尽办法，想发明一种既安全又方便的电灯。

19世纪初，英国一位化学家用2000节电池和2根炭棒，制成世界上第一盏弧光灯。但这种光线太强，只能安装在街道或广场上，普通家庭无法使用。无数科学家为此绞尽脑汁，想制造一种价廉物美、经久耐用的家用电灯。

人类文明史上伟大的创造

RENLEIWENMINGSHISHANGWEIDADECHUANGZAO

这一天终于来到了。1879 年 10 月 21 日，一位美国发明家通过长期的反复试验，终于点燃了世界上第一盏有实用价值的电灯。从此，这位发明家的名字，就像他发明的电灯一样，走入了千家万户。他，就是被后人赞誉为"发明大王"的爱迪生。

爱迪生在实验室

1847 年 2 月 11 日，爱迪生诞生于美国俄亥俄州的米兰镇。他一生只在学校里念过 3 个月的书，但他勤奋好学，勤于思考，其发明创造了电灯、留声机、电影摄影机等 1000 多种成果，为人类做出了重大的贡献。

爱迪生 12 岁时，便沉迷于科学实验之中，经过自己孜孜不倦的自学和实验，16 岁那年，便发明了每小时拍发一个信号的自动电报机。后来，又接连发明了自动数票机、第一架实用打字机、二重与四重电报机、自动电话机和留声机等。有了这些发明成果的爱迪生并不满足，1878 年 9 月，爱迪生决定向电力照明这个堡垒发起进攻。他翻阅了大量的有关电力照明的书籍，决心制造出价钱便宜，经久耐用，而且安全方便的电灯。

他从白热灯着手试验。把一小截耐热的东西装在玻璃泡里，当电流把它烧到白热化的程度时，便由热而发光。他首先想到炭，于是就把一小截炭丝装进玻璃泡里，可刚一通电就马上断裂了。

"这是什么原因呢？"爱迪生拿起断成两段的炭丝，再看看玻璃泡，过了许久，才忽然想起，"噢，也许因为这里面有空气，空气中的氧又帮助炭丝燃烧，致使它马上断掉！"于是他用自己手制的抽气机，尽可能地把玻璃泡里的空气抽掉。一通电，果然没有马上熄掉。但 8 分钟后，灯还是灭了。

可不管怎么说，爱迪生终于发现：真空状态时白热灯显得非常重要，关键是炭丝，问题的症结就在这里。

那么应选择什么样的耐热材料好呢？

爱迪生左思右想，熔点最高，耐热性较强要算白金啦！于是，爱迪生和他的助手们，用白金试了好几次，可这种熔点较高的白金，虽然使电灯发光时间延长了好多，但不时要自动熄掉再自动发光，仍然很不理想。

爱迪生并不气馁，继续着自己的试验工作。他先后试用了钡、钛等各种稀有金属，效果都不很理想。

过了一段时间，爱迪生对前边的实验工作做了一个总结，把自己所能想到的各种耐热材料全部写下来，总共有 1600 种之多。

接下来，他与助手们将这 1600 种耐热材料分门别类地开始试验，可试来试去，还是采用白金最为合适。由于改进了抽气方法，使玻璃泡内的真空程度更高，灯的寿命已延长到 2 个小时。但这种由白金为材料做成的灯，价格太昂贵了，谁愿意花这么多钱去买只能用 2 个小时的电灯呢？

实验工作陷入了低谷，爱迪生非常苦恼，一个寒冷的冬天，爱迪生在炉火旁闲坐，看着炽烈的炭火，口中不禁自言自语道："炭、炭……"

可用木炭做的炭条已经试过，该怎么办呢？爱迪生感到浑身燥热，顺手把脖子上的围巾扯下，看到这用棉纱织成的围脖，爱迪生脑海突然萌发了一个念头：

对！棉纱的纤维比木材的好，能不能用这种材料？

他急忙从围巾上扯下一根棉纱，在炉火上烤了好长时间，棉纱变成了焦焦的炭。他小心把这根炭丝装进玻璃泡里，一试验，效果果然很好。

爱迪生非常高兴，紧接又制造很多棉纱做成的炭丝，连续进行了多次试验。灯泡的寿命一下子延长 13 个小时，后来又达到 45 小时。

这个消息一传开，轰动了整个世界。使英国伦敦的煤气股票价格狂跌，煤气行也出现一片混乱。人们预感到，点燃煤气灯即将成为历史，未来将是电光的时代。

大家纷纷向爱迪生祝贺，可爱迪生却无丝毫高兴的样子，摇头说道："不行，还得找其他材料！"

"怎么，亮了 45 个小时还不行？"助手吃惊地问道。"不行！我希望它能亮 1000 个小时，最好是 16000 个小时！"爱迪生答道。

大家知道，亮 1000 多个小时固然很好，可去找什么材料合适呢？

爱迪生这时心中已有数。他根据棉纱的性质，决定从植物纤维这方面去寻找新的材料。

于是，马拉松式的试验又开始了。凡是植物方面的材料，只要能找到，爱迪生都做了试验，甚至连马的鬃、人的头发和胡子都拿来当灯丝试验。最后，爱迪生选择竹这种植物。他在试验之前，先取出一片竹子，用显微镜一看，高兴得跳了起来。于是，把炭化后的竹丝装进玻璃泡，通上电后，这种竹丝灯泡竟连续不断地亮了 1200 个小时！

这下，爱迪生终于松了口气，助手们纷纷向他祝贺，可他又认真地说道："世界各地有很多竹子，其结构不尽相同，我们应认真挑选一下！"

助手深为爱迪生精益求精的科学态度所感动，纷纷自告奋勇到各地去考察。经过比较，在日本出产的一种竹子最为合适，便大量从日本进口这种竹子。与此同时，爱迪生又开设电厂，架设电线。过了不久，美国人民便用上这种价廉物美、经久耐用的竹丝灯泡。

竹丝灯用了好多年。直到 1906 年，爱迪生又改用钨丝来做，使灯泡的质量又得到提高，一直沿用到今天。

当人们点亮电灯时，每每会想到这位伟大的发明家，是他，给黑暗带来无穷无尽的光明。1979 年，美国花费了几百万美元，举行长达 1 年之久的纪念活动，来纪念爱迪生发明电灯 100 周年。

电影的诞生

1895 年 12 月 28 日下午，在法国巴黎卡普辛路 14 号的路易丝咖啡馆里，有 20 多个人一边喝着咖啡，一边等着放映所谓的"电活动画面"。这些人是被好奇心驱使，再加上卢米埃尔兄弟的苦口劝说下，来到这里的。

卢米埃尔兄弟安放好了银幕的放映机后，电影开演了。尽管所放映的片子内容极为简单，而且没有声音，但它还是使全场的观众都看出了神，每个人都为这样的效果惊叹不已。从此，一种新的艺术娱乐形式——电影诞生了。

说起电影的产生，还得从人们对"视觉暂留"现象的认识和研究说起。

人的眼睛会产生一种现象，就是当你看了一种发光物体之后，闭上双眼，在短短的 1/20~1 秒，仍然会感到这种发光物质的存在，这就叫做"视觉暂留"。这一现象是由英国生理学家罗吉特在研究中发现的，他的发现为电影的诞生奠定了坚定的科学基础。

汉弗莱·戴维肖像

1830 年，英国人霍纳制作了一种"活动画片玩具"。他用一条 30 厘米宽的纸带，横着画上动作近似的人或动物的连环画，将纸带贴在圆筒上后快速转动，另从一个小窗看去，画面的连续移动就会使人或动物变得活动起来。

就是这个简单的玩具，启发着科学家们，为制作一种可以把形象再现的电影而不断地进行探索。

从"活动画片玩具"跨进电影时代，需要解决 3 个基本的技术难题：①电光源方面的技术，②电影机械方面的技术，③摄影方面的技术。没有这三方面的技术突破，是不可能跨进电影时代的。

从 18 世纪末伽伐尼发现不同金属产生电，到伏打发明了电池，奠定了电源技术的基础。此后，英国化学家汉弗莱·戴维在 1811 年用 2000 个电池联成的大电池组，制造了碳极电弧，发明了电弧灯。1879 年，美国发明家爱迪生又发明了电灯。这样，电光源方面的技术发展，为电影技术提供了手段。

19 世纪，摄影技术的日臻成熟，则使电影成为现实。

人类的摄影最早萌芽于"小孔成像"。人们通过移动图画或实物与小孔

38

的距离，来放大或缩小影像，这就奠定了照相机的技术理论。18世纪末，科学家们又先后发现了具有感光性能的氯化银和硫代硫酸钠能溶解氯化银，从而发现了摄影技术中的感光原理、显影和定影原理。此后，摄影技术一日千里地飞速发展起来，1802年，原始的感光相纸在英国首先制成。1827～1839年，法国的德克拉又摸索出一套"银板照相法"。

随着照相技术的不断提高，涌现出一大批职业摄影师，他们的实践为电影的诞生积累了丰富的经验。1877年，美国摄影师梅勃里奇用12架照相机等距离拍摄了一匹奔马的运动照片，使人们开始研制能够连续拍摄的照相机。

1888年，法国人玛莱制成了世界上第一架连续摄影机，但拍摄速度还不够快。1892年，英国发明家第米尼和雷诺各自放映了时间极短的活动电影，这是原始电影。1894年，爱迪生制成了一种名为"电影视镜"的装置。这里面可以装一盘15米长的连续照片的胶片，每秒放映46～60个画面。

这个装置给法国的卢米埃尔兄弟以很大启示，经过二人的反复调试改进，1895年，他们制成了新型电影放映机，并在这一年的圣诞节后不久，展示了这一发明，电影终于诞生了。

1916年有声电影问世了。很快，电影成为了人们不可缺少的娱乐活动。1940年，彩色电影又登上了银幕。今天，电影已经普及，成为人们文化生活中的重要组成部分。

莱特兄弟发明飞机

1903年12月17日，在美国北卡罗莱纳州基蒂霍克的一片海边空地上，寒气袭人。莱特兄弟设计制造的"飞行者"号飞机，就要当众试飞了。兄弟俩天不亮就来到试验场，对飞机进行了最后的调试安装。

就在试飞的前一天，在试验场附近的村子里出现了一张通告：明晨10时，将在海边进行世界上第一次载人的飞机试飞，敬请前来参观。

17日，10时到了，但参观的人除了必要的3名急救人员外，只有2名观众，其中一个还是小男孩，莱特兄弟决定不再等了。10 时 35 分，试飞开始了。弟弟奥维尔坐在飞机上的座椅，哥哥维尔伯启动了汽油机，随着一阵震耳欲聋的轰鸣声，飞机离开铁轨在空中飞行起来。在场的人都把心吊到了嗓子眼，12 秒钟过去了，"飞行者"号在 35 米外的地方摇摇晃晃地着陆了，飞机轮子在飞行中距离地面 1 米。

莱特兄弟人物像

"成功了！"在场的人高兴地大喊，莱特兄弟紧紧地拥抱在一起，眼里噙着激动和喜悦的泪花。虽然这次试飞的滞空时间很短，飞行高度很低，飞行距离很近，但它确是人类第一次实现了机器动力飞行，打破了比空气重的机器不能飞行的断言，从而开辟了人类航空科学技术的新纪元。而这 5 名观众成了目睹世界上第一架飞机飞行成功的见证人。

追溯人类向往自由飞翔的历史，从古埃及、古希腊时期的古迹中，都可以找到记录。1483 年意大利画家达·芬奇也做过飞行研究，并设计过扑翼式飞机，但从未制造。几个世纪过去了，虽然做过这种研究的人为数不少，但却没有一个实现者。

时间到了 19 世纪最后 10 年，由于科学技术的进一步发展，人们对于飞行研究的热情更高了。德国的滑翔机实验大师李连达尔，通过多年的细致观察，总结了人类模仿鸟类飞行的各种方法，发表了一部轰动欧美的著作《鸟类飞行与人类飞上天空》。他在书中详细构想出人类翅膀的理想形态和构造。李连达尔立志要实现自己的夙愿，一次次地进行试验，但在 1896 年

8 月 9 日的试验中，因遇狂风而机毁人亡。

当这一消息传到莱特兄弟的地区时，兄弟俩感叹不已，并决定继承李连达尔的事业。这时，哥哥维尔伯·莱特已经 29 岁，弟弟奥维尔 25 岁。兄弟俩省吃俭用，用修理自行车挣来的钱，从事航空飞行研究。

他们阅读了大量有关飞行的资料，讨论有关飞行的报道和文献，关注着飞机研究的每一项进展，虽然莱特兄弟文化水平不高，但由于他们刻苦自学，善于钻研，逐步掌握了飞行的基本理论。

莱特兄弟在试验中，发现李连达尔提出的模仿鸟类翅膀的滑翔机并不管用，所以他们根据自己的推算，设计了一个有上下两层，看起来是一个长方形的翅膀，这种机翼不仅可以增加浮力，而且可以大大减少空气阻力。他们又在机翼的最后面加了一个起调节滑翔作用的辅助翼，接下来，莱特兄弟选择了基蒂霍克的一片海边荒地作为试验场。

来到试验场，他们用手拉着系在滑翔机上的绳子，一阵疾跑，无人乘坐的滑翔机真的飞上了天空。于是兄弟俩进行了载人试飞，情况仍然良好。试飞的成功，大大鼓舞了莱特兄弟的决心。他们继续做试飞实验，到 1902 年夏，他们已经有了上千次的滑翔经验，掌握了高难度的飞行驾驶技术。此后，他们又提出在飞机上安装引擎，依靠机械动力带动飞机的飞行。

为了弄清滑翔机的乘载量，他们特意在滑翔机上装砂袋，一次次地试验，最后确定滑翔机最大动载能力只有 90 千克。

在使用什么引擎的问题上，他们把目光放到了刚刚兴起的内燃机上，因为这时世界上已经有了汽油引擎，汽车工业正在迅速发展，但最轻的汽车引擎也还有 140 千克。在无法在工厂订制的情况下，他们决定自己动手制作引擎。在一位名叫狄拉尔的机械师的帮助下，经过许多曲折和艰辛，终于制造出一部 4 个汽缸，12 马力（1 马力 = 0.735 千瓦），重 70 千克的汽油引擎，接着，他们又试制了螺旋桨，一切安装就绪，就等机会试飞了。

一个秋高气爽、万里无云的 10 月的一天，莱特兄弟进行了新的试飞。但飞机没有飞起来，而是撞到了一个土堆上，试飞失败了。莱特兄弟反复研究失败原因，终于明白飞机要想在瞬间离开地面飞行，不仅要减轻发动机的重量，而且必须减轻飞机的自重。

1903 年 11 月末，一架用轻质木料为骨架，帆布为基本材料的双翼飞机竣工了。莱特兄弟把它命名为"飞行者"号。1903 年 12 月 17 日，终于试飞成功了。

莱特兄弟的飞行成功，引起了世界科学家们的重视，从此，飞机的研制进入了一个新时期。1910 年，德国人制造了金属飞机。1926 年，人类驾驶飞机飞越了北极上空。

■ 电视机的发明

自从 1866 年，人类实现了有线电报传递后不久，无线电通讯也诞生了。几乎就在电报发明的同时，人们已在考虑能否采用电报的方式快速传递图像，电视的发明从此开始了。

1873 年，一位名叫史密斯的电气工程师在用一种叫硒的物质，去改革海底电缆的装置时，发现了一种怪现象，这就是硒遇见阳光后就像电池一样会产生电。硒早在 19 世纪初就已经被发现，并确认是一种不导电的元素。史密斯的发现引起了科学家们的注意。美国工程师肯阿里在听到这个奇特的发现后，他就在两块金属板中间夹上硒做的一个特殊装置。这个装置在阳光照射下，会从金属板发出微弱的电流，因为这是光发电，所以他把这种装置叫做"光电池"。这样，硒的光敏性的发现，为设计电视提供了重要材料，光电池的发明，使光电之间的转换成为可能。

1884 年，德国发明家尼普科研制了一种图像扫描圆盘，这是一块布满极密小孔的网板，在图或景物前旋转，使光从小孔中通过，当光射到硒粒上时，随着光的变化而产生电流，电流通过电线传送到远处，使远处的小灯泡放光。而在远处的接收部分，尼普科采用同样的一个布满极密小孔的网板，用和发送部分同样的速度，在发光的小灯泡前旋转，小灯泡的光通过网板小孔射到白纸上，一幅和发送部分一样的图和景就会放映出来。这种光电转换装置虽然设计合理，但由于光电池所产生的电流太弱，达不到要求而试验失败了。尼普科的实验使科学家们进一步认识到，只有把光电池的效能提高，才能满足设计需要。

1912 年，德国的耶斯塔和盖特发明了"光电管"，它是根据光的强度，而转换为不同强度的电能作用的，它的效能就要比"光电池"大得多了。1924 年，光电管不仅达到了完善，而且已用于各个方面。这时，美国的福雷斯发明了三极管，它能把微弱的电流放大，科学家们的辛勤劳动，使电视的发明为期不远了。

我们知道，一张拍摄得很好的照片有着不同的光亮和阴影。如果在靠近一块硒板的地方放一张照片，再把一束光投射到照片上，并移动光束照遍照片的各个部位反射到硒板上，那么，硒板上的感光便会随着图像的明暗变化而产生各种强度不同的电流。这一过程就是图像的"扫描"过程。产生的电流随后被输送给发射机，由发射机用线路或无线电波发射出去，再由接收机接收，并把电波转换成明暗不同的图像，这是最初的摄像显像过程，不过这个过程只能产生静止图像，而电视需要的却是活动图像。于是，人们采用了电影放映的原理，在 1 秒钟内转换图像 20 多张，获得了连续运动的印象效果。

1924 年，英国工程师拜尔德最先研制成功了机电扫描黑白电视机。他把钻了许多洞洞的圆盘安装在一根织针上进行扫描，将光投射到转动的圆盘上，圆盘按固定的顺序照亮了图像的不同部位并将其转换成电流，他将这些强度不同的电流发射给 1 米以外事先准备好的接收机，接收机又将电流变成了图像。第二年，拜尔德进行了电视试播。1928 年，拜尔德又在英国首次进行了机电式彩色电视试播。他的摄像机有 3 个摄像管，分别摄取红、绿、蓝三种颜色的图像，当这三种颜色的图像按场顺序投影在屏幕上时，由于速度极快，三种颜色的图像就混合成自然色的图像。

电视机的发明，不是一个人在一个短时间内能够完成的，它集中了人类的科学智慧。最初的电视机在今天看来，未免有些怪里怪气，非常原始，但这正是更高度发展的开始。

电视的发明和广泛使用，终于实现了人类"坐家不出门，便知天下事"的梦想，它大大丰富了人类的文化生活。今后，电视必将成为人类在征服大自然的斗争中不可缺少的可靠助手。

爱因斯坦和"相对论"

1911 年的一天，在著名的布拉格大学校园里的一片草地上，一群大学生围坐在一位年轻学者的身旁，正进行着激烈的讨论。

"请您通俗地解释一下，什么叫相对论？"一位学生微笑着向青年学者发问。

爱因斯坦头像

年轻学者环视一下周围的男女学生，微笑着答道："如果你在一个漂亮的姑娘旁边坐了 2 个小时，就会觉得只过了 1 分钟；而你若在一个火炉旁边坐着，即使只坐 1 分钟，也会感觉到已过了 2 个小时。这就是相对论。"

大学生们先是一愣，接着便大笑起来。

"好！今天我们就谈到这里。"年轻学者站起身来，向大家告别后，便向图书馆走去。

这位年轻学者，就是伟大的科学家、相对论的创始人——爱因斯坦。

爱因斯坦 1879 年 3 月 14 日出生在德国的一个犹太人家庭。父亲是一个电器作坊的小业主，当爱因斯坦 15 岁时，父亲因企业倒闭带领全家迁往意大利谋生。

1896 年秋天，爱因斯坦就读于瑞士联邦高等工业学校。在学校里，除了数学课以外，他对其他讲得枯燥无味的课程都不感兴趣，但热衷于探索自然界的奥秘，对此他产生了浓厚的兴趣，利用课外时间阅读大量有关哲学和自然科学的书籍。

人类文明史上伟大的创造

RENLEIWENMINGSHISHANGWEIDADECHUANGZAO

1900 年，爱因斯坦从瑞士联邦高等工业学校毕业后，加入了瑞士国籍，长期找不到工作。2 年后，他才在瑞士联邦专利局找到同科学研究无关的固定职业。但在专利局供职期间，他不顾工资低微的清贫生活，坚持不懈地利用业余时间进行科学研究，并不断取得成果。1905 年，爱因斯坦在物理学方面的研究，取得突破性进展，创立了狭义相对论。这时他刚刚 26 岁。

相对论是爱因斯坦在自己题为《论动体的电动力学》这篇论文中提出的。在此之前，传说物理学的时空观是静止的、机械的、绝对的，空间、时间、物质和物质运动相互独立，彼此没有什么内在联系。也就是说，物质只不过是孤立地处于空间的某一个位置；物质运动只是在虚无的、绝对的空间作位置移动；时间也是绝对的，它到处都是一样的，是独立于空间的不断流逝着的长流。这就是牛顿古典力学的时空观。爱因斯坦以极大的毅力和胆识，突破了传统物理学的束缚，猛烈地冲击形而上学的自然观。他认为，空间、时间、物质和物质运动，彼此不可分割，它们之间紧密相连。作为物质存在形式的空间和时间，在本质上是统一的，随着物质的运动而变化。狭义相对论的最重要的结论之一，是关于质量和能量的关系（$E = Mc^2$）。它告诉我们，物质的质量是不固定的，运动的速度增加，质量也随着增加；一定质量的转化必定伴随着一定能量的转化，反之亦然。这个著名的公式成为原子弹、氢弹以及各种原子能应用的理论基础，由此而打开了原子时代的大门。

狭义相对论的问世，震动了物理学界，也使这位年轻学者的名字，马上传遍了整个欧洲，给他带来了极高的声誉。德国著名的理论物理学家普朗克，向布拉格大学推荐爱因斯坦时说："要对爱因斯坦理论作出中肯评价的话，那么可以把他比作 20 世纪的哥白尼。这也正是我所期望的评价。"

1911 年，年仅 32 岁的爱因斯坦，被布拉格大学聘为教授。1919 年，他重新回到德国，任柏林大学教授，并当选为普鲁士皇家科学院正式院士，不到 4 个月，第一次世界大战爆发了。

爱因斯坦一向憎恶战争，主张民族和睦，公开发表反战宣言，同一位哲学家共同起草了《告欧洲人民书》，呼吁欧洲科学家应竭尽全力，尽快结束这场人类大屠杀。然而，却没有什么著名人士响应。在这段岁月里，爱因斯坦满腹愁肠，闭门不出，深入进行自己的科学研究。

在研究中，他发现狭义相对论的理论体系还不完善，它只解释了等速直线运动，而不能解释加速运动和万有引力的问题。因此，爱因斯坦又花了整整 10 年时间，于 1915 年创立了广义相对论。

广义相对论的重要结论是，加速运动与引力场的运动是等价的，要区别是由惯性力或者引力所产生的运动是不可能的。对此，爱因斯坦作了一个形象的比喻。他设想有一个人乘摩天楼的电梯自由降落，人不会感到自己在下降，因为这时电梯和人都依照重力加速度定律在下降，仿佛在电梯里不存在地球引力。反之，如果电梯以不变的加速度上升，那么人在电梯里将觉得双脚紧贴在地板上，好像站在地球表面一样。这个等价原理是广义相对论的基础，它显示了等速运动的一些基本原理可以应用到加速度运动中，把狭义相对论推广到更为普通的情况。

爱因斯坦认为，光在引力场中不是沿着直线，而是沿着曲线传播。并指出，当从一个遥远的星球上发出的光在到达地球的途中经过太阳的时候，应当由于太阳的引力而弯曲，因此，而使这个星球看起来的位置与实际不符。其偏斜的弧度，据爱因斯坦计算，应当是 1.75 秒。因此建议，在下一次日全食时，通过天文观测来验证这个理论预见。

1919 年 5 月，英国一位天体物理学家率领 2 个天文考察队，拟定在日全食时分别在巴西和西非摄影，以验证从广义相对论推出的这一重要结论。同年 11 月，伦敦皇家学会和天文学会联席会议正式公布观测结果。测得的光线偏转度竟和爱因斯坦计算的非常一致。这下使牛顿的引力学说失去了普遍的意义。

这个消息公布后，全世界为之轰动，爱因斯坦的名字在社会上广为流传，几乎家喻户晓，科学家们公认他是继伽利略、哥白尼以来最伟大的物理学家之一，是"20 世纪的牛顿"。

1933 年，德国法西斯头子希特勒上台后，加紧了对犹太人的迫害。爱因斯坦被迫迁居美国，任普林斯顿高级学校研究院教授，并于 1940 年取得美国国籍。

1955 年 4 月，爱因斯坦在普林斯顿病逝。这位伟大的科学家在他的遗嘱中，要求把他的骨灰撒在不为人知的地方。但他那献身科学的精神和充满光芒相对论学说，则永远激励着后人。

中子的发现

电子、放射性和 X 射线的发现，就像给人类一把"金钥匙"，打开了通往微观世界的大门。1914 年，卢瑟福发现了质子，提出了原子核的"质子—电子"模型，即原子核是由带正电的质子和带负电的电子构成的。这一模型很快就得到当时物理学界的接受。

随着量子论、量子力学的建立，人们对于核外电子的运动，以及原子核的运动有了新的认识。1924 年，奥地利物理学家泡利提出了"核自旋"的概念。根据自旋理论，电子或质子都具有自旋，而且它们的自旋方向一般只有 2 个；对于原子核的自旋总角动量，应等于各个粒子的自旋角动量之和。这些结论曾经得到实验的证明，并为物理学家们所接受。可是，"质子—电子"模型和上述观点不相符合，因此，这一模型受到了严重的挑战。由于这种难以调和的矛盾，促使勇于探索自然秘密的人们进一步去揭开原子核的神秘面纱，这样就有了英国著名物理学家查德威克对中子的发现。

詹姆斯·查德威克，1891 年 10 月 20 日生于英国的曼彻斯特。在学生时代，他一直是品学兼优的好学生，1911 年从曼彻斯特大学毕业时，荣获了"物理优等生"的称号。1912 年，他投到卢瑟福的门下，开始研究放射性的问题。不久，他用 X 射线穿过金属箔时发生偏离的实验，有力地证实了原子核的存在。1920 年，他通过对 X 粒子散射所进行的测量，最先测定了原子核所带的绝对电量，即核电荷数。

就在这一年，卢瑟福在第二次贝克讲座中，提出了关于原子核的新设想，这就是，原子核内可能存在质量和质子相仿的中性粒子。他认为，这个中性粒子是由于库仑引力的作用，使质子和电子结合而产生的。1921 年，美国的一位化学家威廉·哈金斯把这个粒子命名为"中子"。这仅仅是一个猜想，因为当时还没有在实验中找到过"中子"。

随着科学技术的发展，1930 年，两位德国的物理学家玻西和贝克尔在用 X 粒子轰击金属铍时，发现了一种特别的"辐射"。这种辐射具有很强的穿透能力，甚至几厘米厚的铅板都能穿透。当时人们已经知道了γ射线具有很强的穿透本领，并且在磁场中不会发生偏转，玻西把这种"辐射"放在磁场和电场中试验，结果发现，它既不受磁场的作用，也不受电场的影响。所以，玻西和贝克尔以为他们发现的"辐射"是γ射线，并公布于众。

当时，法国物理学家约里奥·居里夫妇重复了玻西的实验，并加以发展，他们让这种"辐射"去作用石蜡，发现有粒子被打出。他们经过仔细的检验，发现这个粒子原来是以氢化合物中释放出来的氢核——质子。可见，对于γ射线来说，尽管它的穿透能力很强，但不可能从石蜡中打出质子，约里奥·居里夫妇公布了这个研究结果。他们离发现中子已经不远了，遗憾的是，他们失掉了一次机会！

居里夫妇的研究成果，引起了查德威克的注意，使他想起了卢瑟福的预言，于是，他决定对居里夫妇的实验进行更深入研究。他认为，γ射线是没有质量的，根本不可能从石蜡中打出质子，他用玻西发现的这种"辐射"与硼作用，发现产生了新的原子核。查德威克通过测定，发现新原子核的质量增加了，并且证实这个增加的质量几乎和质子的质量相等。这样可以断定：玻西发现的"辐射"实际上是质量与质子相等的粒子流。查德威克让这些粒子流通过电磁场，没有发现任何的偏转现象，说明它们是呈现电中性的。查德威克兴奋不已，他看到玻西发现的"辐射"正是老师卢瑟福预言的不带电的粒子——中子。这样，人们寻找已久的中子终于被发现了！

1932年2月17日，查德威克写了封信寄给《自然》杂志，发表了这一结果，全世界都为之轰动了。为了奖励他在中子的发现和研究中的杰出贡献，诺贝尔基金会将1935年度诺贝尔物理学奖颁发给他。

中子的发现，不仅为人类认识原子核的结构打开了大门，而且还在理论上带来了一系列重大的变革，海森堡在中子发现后不久，就提出了"质子—中子"模型，代替了"质子—电子"模型。这样，人们才认识到原子核是由质子和中子组成的。同时，人们对于原子量与原子序数的关系，以及原子核的自旋、原子核的稳定性问题，都有了新的认识。人类对于中子的研究和应用，推动了核物理的飞跃发展，开创了新的时代。

天文军事

　　天文是观察和研究宇宙间天体，它研究天体的分布、运动、位置、状态、结构、组成、性质及起源和演化，是自然科学中的一门基础学科。而军事，则在改变世界的布局。无论在天文还是军事，人类每一次取得的进步，都会改写我们现有的生活，让我们对未来的生活给充满渴望和信心。

■ 希帕克斯创立球面三角

　　希帕克斯是希腊化时期伟大的天文学家，他的卓越贡献是创立了球面三角这门数学工具，使希腊天文学由定性的几何模型变成定量的数学描述，使天文观测有效的进入宇宙模型之中。自欧多克斯发明同心球模型用以"拯救"天文现象以来，通过球的组合再现行星的运动，已成为希腊数理天文学的基本方法。但传统的方法存在两个问题，首先人们还不知道如何在球面上准确表示行星的位置变化，其次，传统的同心球模型不能解释行星亮度的变化。希帕克斯解决了这两个重要的问题。

　　通过创立球面三角术，希帕克斯解决了第一个问题。根据相似三角形的比例原理，以任一锐角为一角所组成的任何直角三角形，其对边与斜边之比、对边与邻边之比、邻边与斜边之比是一个常数，所以这些比是角的函数，与边长无关。人们为方便起见就把这些比分别称作正弦、正切、余弦，是为三角函数。希帕克斯第一次全面运用三角函数，并推出了有关定理。更为重要的是，他制定了一张比较精确的三角函数表，以利于人们在实际运算中使用。把平面三角术推广到球面上去，也是希帕克斯的工作，因为他的最终目的在于计算行星的球面运动。

希帕克斯时代所应用的古老"计算机"

解决第二个问题的方法是抛弃同心球模型，创立本轮均轮体系。一般人都知道这套体系是托勒密体系，但最早的发明者实际上是希帕克斯。每个行星有一个大天球，它以地球为中心转动，这个天球叫均轮。但行星并不处在均轮上，而是处在另一个小天球之上，这个小天球的中心在均轮上，叫本轮。行星既随本轮转动，又随均轮转动，这样可以模拟出比较复杂的行星运动。此外，希帕克斯还引入了偏心运动，即行星并不绕地球转动，而是绕地球附近的某一空间点转动。

希帕克斯大约于公元前190年生于小亚细亚西北部的尼西亚（即今土耳其的伊兹尼克）。像阿基米德一样，他在亚历山大里亚受过教育，但学成后又离开了这里。这个时期，亚历山大里亚不再是适于学者安心治学的地方了，托勒密王朝已不再像其祖先那样对科学事业有特殊的兴趣。据说，希帕克斯在爱琴海南部的罗得岛建立了一个观象台，制造了许多观测仪器，在那里，他做了大量的观测工作。利用自己的观测资料和巴比伦人的观测数据，希帕克斯编制了一幅星图。星图使用了相当完善的经纬度，记载了1000多颗亮星，而且提出了星等的概念，将所有的恒星划为6级。这是当时最先进的星图，借助这幅星图，希帕克斯发现前人记录的恒星位置与他所发现的不一样，存在一个普遍的移动。这样他就发现了，北天极其实并不固定，而是作缓慢的圆周运动。由于存在北天极的移动，春分点也随之沿着黄道向西移动，这就使得太阳每年通过春分点的时间总比回到恒星天同一位置的时间早，也就是说，回归年总是短于恒星年。这就是"岁差"现象。

希帕克斯在天文学上的贡献都是划时代的，但我们今天只能从托勒密的著作中了解他的工作。他大约于公元前125年去世。

太阳历和公历

现在世界上通用的历法——公历，有人曾似是而非地称之为"西历"。其实，究其根源，这种历法并非产生于西方，而是产生于6000多年前的古埃及。

古埃及气候炎热，雨水稀少，但是农业生产却很发达。这是为什么呢？原来这与尼罗河的定期泛滥有着密切的关系。埃及的大部分国土都是沙漠，只有尼罗河流域像一条绿色的缎带从南到北贯穿其间。直到现代，埃及的95%以上的人口也都集中在这条绿色的生命带中。因此，在希腊时代，西方人便把埃及称为"尼罗河送来的礼物"。古代埃及人更是将尼罗河视为"母亲河"。

尼罗河全长6648千米，同亚洲的长江、南美洲的亚马孙河和北美洲的密西西比河并称为世界最长的河流。

尼罗河发源于赤道一带，主流叫白尼罗河，从乌干达流入苏丹，在喀土穆和发源于埃塞俄比亚的青尼罗河汇合，流入埃及。

在埃及境内，尼罗河每年6月开始涨水，7～10月是泛滥期，这时洪水夹带着大量腐殖质，灌满了两岸龟裂的农田。几个星期后，当洪水退去时，农田就留下了一层肥沃的淤泥，等于上了一次肥。11月进行播种，第二年的3～4月收获。尼罗河还有一个特性，那就是每年的涨水基本是定时定量，虽有一定的出入，但差别不是太大，从没有洪水滔天淹没一切的大灾。这就为古埃及人最早创建大规模的水利灌溉系统和制定历法提供了方便。

古埃及人为了不违农时，发展农业生产，逐渐认识到必须掌握尼罗河泛滥的规律，准确地计算时间，这就需要有一种历法。他们在长期的生产实践中，积累了许多经验。

古埃及人发现尼罗河每次泛滥之间大约相隔 365 天。同时，他们还发现，每年 6 月的某一天早晨，当尼罗河的潮头来到今天开罗附近时，天狼星与太阳同时从地平线升起。以此为根据，古埃及人便把一年定为 365 天，把天狼星与太阳同时从地平线升起的那一天，定为一年的起点。一年分为 12 个月，每月 30 天，年终加 5 天作为节日，这就是埃及的太阳历。

埃及的太阳历将一年定为 365 天，与地球围绕太阳公转一圈的时间（回归年）相比较，只相差 1/4 天，这在当时已经是相当准确了。但是，一年相差 1/4 天不觉得，经过 4 年就相差一天。经过 730 年，历法上的时间就比实际时间推进了半年，冬天和夏天正好颠倒过来。再过 730 年，才能回到原来的起点。公元前 46 年，罗马统帅儒略·恺撒（又译朱利乌斯·恺撒）决定以埃及的太阳历为蓝本，重新编制历法。恺撒主持编制的历法，被后人称为"儒略历"。

儒略历法对埃及太阳历中每年约 1/4 天的误差，作了这样的调整：设平年和闰年，平年 365 天，闰年 366 天。每 4 年置 1 个闰年。单月每月 31 天，双月中的 2 月平年 29 天，闰年 30 天，其他双月每月 30 天。

恺撒死后，他的继承人奥古斯都因为自己生在 8 月，便从 2 月中抽出一天加在 8 月上，使 8 月也成为大月，即 31 天，同时相应把 9、11 两个月定为小月，10、12 两个月定为大月。经过这样的改动，各月的天数与今天使用的公历基本相同了。公元 325 年，罗马皇帝君士坦丁在一次宗教会议上，规定儒略历为基督教的历法，但没有规定哪一年是它的起点。到了公元 6 世纪时，基督教徒把 500 多年前基督教传说的创始人耶稣诞生的那一天，说成是公元元年。"公元"的拉丁文的意思就是"主的生年"，用拉丁文 A. D. 表示。在这一年以前，称为"公元前"，英文的意思是"基督以前"，用英文 B. C. 表示。

儒略历虽然比埃及的太阳历进了一步，但回归年仍有 11 分 14 秒的误差，积 128 年又要相差一天。儒略历在欧洲通行了 1600 多年，至 16 世纪下半叶，历法上的日期比回归年迟了 10 天。比如，1583 年的春分应在 3 月 21 日，历法上却是 3 月 11 日。此外，教会规定耶稣复活节，应在过春分月圆后的第一个星期日，由于春分已相差 10 天之多，耶稣究竟在哪一天"复活"的，也成了问题。因此，对儒略历作进一步的改革，已经势在必行。

罗马教皇格里高利十三世，在 1582 年组织了一批天文学家，根据哥白尼日心说计算出来的数据，对儒略历作了修改。将 1582 年 10 月 5～14 日之间的 10 天宣布撤销，继 10 月 4 日之后为 10 月 15 日，所以 1533 年的春分又复归于 3 月 21 日；过去将 4 年置 1 个闰年，400 年共计 100 个闰年，现在改为 400 年中有 97 个闰年，从而大体上弥补了 11 分 14 秒的误差。置闰的方法是：凡是逢百年那一年可以用 400 除尽的就是闰年，除不尽的就不是（如：1600 年是闰年，1700 年、1800 年、1900 年皆不是闰年，2000 年是闰年）。后来人们将这一新的历法称为"格里高利历"，也就是今天世界上所通用的历法，简称格里历或公历。

中华人民共和国成立后，中央人民政府通令，中国以格里历为国家历法，并采用公元纪年，但不废除农历。

当然，格里历也不是尽善尽美的，每月的天数仍然参差不齐，规则性不强，特别是每经过三千几百年还会有一天的误差。随着生产的发展和天文学的进步，这些缺陷将不断得到改进。

天文望远镜让人类看得更远

1609 年 8 月一个晴朗的夜晚，皓月当空，繁星璀璨。当万籁俱寂、人们都已进入梦乡的时候，一个意大利人将自己研制的望远镜指向了星空，这一非凡的举动开辟了天文学史上的新纪元，他也因此成为世界天文学史上第一个用望远镜观测星空的人，此人就是伽利略。

伽利略（1564～1642 年）生活在欧洲文艺复兴时代。文艺复兴运动的勇士们纷纷起来向一切阻碍科学前进的思潮宣战：英国哲学家培根提出了"实践第一"的思想，动摇了以亚里士多德为代表的古希腊传统科学思想对欧洲科学的统治地位；天文学家哥白尼的"日心说"从宗教神学的手中夺回了天空，使科学得到了解放。伽利略在文艺复兴运动的革命精神陶冶下成长，受"实践第一"思想的影响，用实验的科学方法，发现了摆的等时性定性，制造出了脉搏计；又以著名的比萨斜塔实验发现了落体定律，推翻了亚里士多德所谓"物体越重下落速度越快"的权威性观点。实践给他带来了一个个重大发现，使他成为近代力学科学的创始人，被科学界誉之为近代实验科学之父。

哥白尼的《天体运行论》又使这位天才的科学家迷上了天文学，希望自己有一天能亲自证明哥白尼学说的正确性。

一个偶然的机遇使伽利略实现了自己的夙愿。

伽利略发明的望远镜

1609年，他从一位朋友的来信得知，荷兰有个眼镜商发明了望远镜。他凭着自己深厚的物理学功底，对眼镜商的望远镜进行了改造，研制成观天望远镜。他制成的第三架天文望远镜可以放大33倍。

在伽利略之前，天文学是在没有任何光学仪器的情况下发展起来的。开普勒定律是天文学史上没有使用光学仪器而作出的最后一个伟大发现。与开普勒同时代的伽利略，则用他的天文望远镜结束了几千年来人类凭肉眼观测天象、靠直观的思辨和推测研究天文的历史，将那隐藏在深邃黑暗的天幕中的浩瀚壮观的天文奇景真真切切地展示在世人眼前。

人们肉眼观测到的月亮上的斑斑阴影，原来都是些大大小小的坑穴和大片的"海"（现代天文学证明，这"海"其实是平原）。这一从未见过的景象，使伽利略快乐得难以自持，当即画下了第一幅月面图。这一重大发现，证明月球表面在结构上与地球表面具有相似之处，这无疑说明亚里士多德关于"地上事物与天上事物不同"这一主张是毫无根据的，从而摧毁了教会神学宇宙观的基础。

当伽利略把望远镜对准金星时，发现金星居然也像月亮一样时圆时缺，原来这是金星环绕太阳运行位相变化造成的。

伽利略肖像

土星在伽利略的望远镜下呈橄榄状（后人搞清，它原来是土星的光环）。

当伽利略的望远镜推向白茫茫的银河时，奇迹出现了：银河的光带立即被分解成各自独立的小星，原来银河是由无数密密麻麻的星星组成的。这一发现证明了托勒密关于恒星天球的假设是错误的，证明了布鲁诺的"宇宙是无限的"观点是正确的。

完美无瑕的太阳在伽利略的望远镜中显露出在它的表面有一些大小不等的黑色斑点（后来称"太阳黑子"）。这些黑斑在太阳圆面上的位置不断变化着，并向一个方向运动。因此可以断定，太阳本身也具有类似地球自转那样的旋转运动。

1610 年 1 月 7 日这一天，有一件震撼整个欧洲的重大发现：伽利略将望远镜指向木星时，发现木星附近 4 个忽隐忽现的光点，是围绕木星旋转，又跟着木星一起围绕太阳旋转的卫星，就如同地球带着月亮围绕太阳公转一样。这一发现彻底粉碎了托勒密学说的又一错误观点，即认为只有地球周围才有天体环绕运行，因为所有天体都是地球的奴仆。而伽利略发现的木卫，却证实了行星是自己卫星的运转中心，同时本身又绕着更大的运转中心太阳运行。而太阳只不过是宇宙中一颗普通恒星，它可能在围绕着更大的运转中心在转动（现代天文学已证实了这一点）。这也就是说，宇宙间可能有不同等级的宇宙体系的存在。

伽利略用望远镜观测天空所得到的一个个新发现，为哥白尼学说找到了强有力的证据。他确信哥白尼的"日心地动说"是正确的。他将自己的新发现写成了一个小册子《星际使者》，发表后，在世界上引起了巨大轰动。人们评价说：哥伦布发现了新大陆，伽利略发现了新宇宙！

科学上的每一个进步，都是对教会的一次沉重打击。伽利略一次又一次的新发现，动摇了宗教神学的统治地位，使罗马教廷备感恐慌和仇视。他们把望远镜斥之为"渎神的工具"、"魔鬼的发明"，说伽利略的新发现是"眼睛的错觉"，骂伽利略的观点是"异端的邪说"，因为它违反了亚里士多德的权威，所以他们对伽利略百般折磨和迫害。

然而，伽利略是一位热爱真理、坚持正义的科学家。面对教会禁止宣传哥白尼学说的淫威，他毅然决然将一切证明哥白尼学说正确的论据写成了一部伟大著作《托勒密和哥白尼两个宇宙体系的对话集》。书中以三个人物巧妙而又幽默的对话形式，宣传了哥白尼的学说。这部受到广大读者热烈欢迎的著作一出版，伽利略就立即受到教廷的审讯。他们用布鲁诺的火刑威胁他，用长达 50 多小时的马拉松式的轮换审讯折磨他。这位已年近七旬的老人被折磨了 3 个多月，弄得精神恍惚，疲惫不堪，最后被迫在别人拟就的悔罪书上签字认罪，并受到了终身监禁。

当老人拖着疲惫的身躯、步履艰难地走出法庭时，他发自内心对科学坚信不移的信念，喃喃地吐出真言："地球确实在运动啊！"

真理是经得起历史考验的。1979 年 11 月 10 日，罗马教廷公开承认对伽利略的判决是错误的。这位用自己的天文望远镜引起了天文学史上一场革命的科学家所身受的 300 年之久的沉冤终于昭雪了。

正确认识宇宙

　　浩瀚无际的宇宙是怎样形成的？灿烂的太阳、美丽的月亮、生机盎然的地球、奥妙无穷的群星，它们都是从哪里来的呢？千百年来，人类一直苦苦求索着这个问题的答案，不同时代、不同国度的人以不同的方式作着不同的解释。

　　在古老的东方，一直流传着"盘古开天地"的美妙传说。相传在太古之初，宇宙天地混沌一片，万物皆不可分，其形如一鸡卵。有一位名叫盘古的大神，用一把斧将宇宙从中一砍两段。从此，混浊顿开，清者轻，上升为天，天日高一丈；浊者重，下降为地，地日厚一尺。经过生生不息的漫长岁月，形成了日月星辰，有了天和地。

　　在古代的西方，一本《圣经》告诉人们，天地万物是由万能的上帝从虚无中创造出来的。

　　这两种有关宇宙形成的解释，左右了东西方文化长达数千年之久。

　　到了近代科学诞生之后，神学对宇宙形成的解释"上帝创世"说，不断受到科学的冲击。早在 1748 年，法国科学家布丰（1707～1788 年）提出了"地球和行星是太阳与彗星剧烈碰撞后留下的碎片形成的"。这一假说虽不符合科学事实，但却是从自然演化角度解释天体形成，大胆否定了《圣经》的创世神话的一种伟大尝试。

　　真正提出有科学价值、在当时占统治地位的唯心主义宇宙观上打开了第一个缺口的人，是德国哲学家康德。

　　康德（1724～1804 年）在研究地球、行星和恒星等天体的演化过程中，接触到了宇宙起源问题。他认为，牛顿用"万有引力定律"只描述了太阳系各天体的运动现状：这些由原子组成的天体，依靠"万有引力"互相联系在一起。恒星永远固定在一定位置上，行星、卫星、彗星沿着固有的轨道，永远循环往复地运转着。那么，造成这种运动的"初始原因"是什么呢？牛顿只作了个含糊其辞的回答："是靠一个全智全能的主宰的第一次推动。"

康德决定要解决这个牛顿无法解答或有意回避的问题。他收集了大量当时已知的天文观测资料，经过长期研究和思索，1755年他出版了《宇宙发展史概论》。在这部划时代的伟大著作中，他用牛顿力学的原理解决了牛顿深感困惑的太阳系初始运动的问题，提出宇宙是由星云形成的学说。

康德认为，太阳系起源于一片原始星云，最初，星云的无数微粒不均匀地散布在空间。由于较大粒子具有较大的引力，

康德肖像

使得周围的粒子向它们聚集。它们自己又同所聚集的物质一起，聚集到密度更大的质点所在的地方，而所有这些大质点又以同样方式聚集到质点密度更为巨大的地方，如此滚雪球般地一直继续下去，从而形成若干个中心天体。太阳，就是太阳系的中心天体，或称引力中心。它吸引着周围的微粒，像一个无限微小的胚芽迅速地长大。它吸引的下落物越多，对周围物质的吸引力就越大，生长也越快。微粒之间又存在着一种相互排斥的力。由于斥力，使得向引力中心下落的微粒，从直线运动向侧偏转。于是垂直的下落运动变成围绕引力中心的圆周运动。微粒凝成的团块就这样变成一个巨大的漩涡。巨大漩涡中的物质，都集中在垂直于其转动轴的平面上，形成圆盘状的结构。这个由质点组成的圆盘就是后来的太阳系。正环绕中心团块做圆周运动的同一区域的质点是相对静止的，仍会在引力作用下形成较小的团块，最后生成行星。同时又在斥力作用下开始了自转，最终生

成卫星。一个完整的太阳系就这样形成了。

康德继而把他的由原始星云形成太阳系的理论推广到恒星世界，推论道，满天的恒星必是各自行星系统的中心；而巨大的恒星系统——银河系，也是由相同的力学规律形成的；银河系也有自己的中心，众多恒星正环绕这个中心旋转；宇宙天体正在不断生成，又不断毁灭；千千万万个太阳在不断燃烧，又不断熄灭，宇宙正处在这生生息息的发展变化之中。

这就是康德的星云说。从我们今天所达到的科学水平看，这一假说虽显得粗略，但却是个有价值的起点。康德用"物质和运动"解决了牛顿用"上帝之助——第一推动力"才能解决的问题，真正使宇宙生成理论第一次从神学的禁锢中解放出来，因此，恩格斯称赞康德的星云假说"是从哥白尼以来天文学取得的最大进步"。

康德的星云说在自然科学界具有很重要的革命意义。但是，在《宇宙发展史概论》问世的时候，康德只是个没有名气的后生晚辈，书又是匿名发表的，印册极少，出版后没引起世人注意，只出版了一次便销声匿迹了。直到1796年，法国天文学家拉普拉斯（1749～1827年）在康德的宇宙起源思想基础上写出了《宇宙体系论》一书，被埋没被遗忘了近半个世纪之久的康德星云说，才引起了人们的注意。它使人们认识到，宇宙是按客观规律发展的，像太阳形成这类深奥的问题，是可以用科学的方法解释的。

为了纪念这两位伟大的科学家，人们把"宇宙起源于原始星云"的学说，称为"康德—拉普拉斯星云假说"。这一天体演化说受到了普遍欢迎，几乎统治了整个19世纪。在此之后，直至现在，共出现了20多种星云说，都遵循着康德—拉普拉斯星云假说的基本思想。康德—拉普拉斯星云说为人类科学地探讨和解释宇宙起源开了先河，成为第一个科学的天体演化理论。

▌ 捕捉"天电"

几千年来，电闪雷鸣一直被人们看作是雷公电母的威力显示，或是上帝的灵光。宗教神学更是以此作为迫使教徒信服的有力证据。它是那样的神秘莫测，以至于它给人类带来诸多麻烦时，人类也只能进行无助的祈求与祷告。直到 18 世纪中叶后，雷电的神秘面纱才由美国的著名科学家本杰明·富兰克林通过实验而揭开，这个实验就是举世闻名的"费城实验"。

富兰克林于 1706 年生于美国风景秀丽的海滨城市波士顿。在他出生的时候，电学几乎还是处于空白时期，对电学进行探索的学者为数也不多。1745年冬天，莱顿瓶的研制成功像春雷一样，把电学惊醒了。第二年，来自欧洲苏格兰的斯宾丝博士在波士顿举行电的实验表演，恰好富兰克林也观看了演示，这使他对电学产生了浓厚的兴趣。他开始踏上电学研究之路，此时他已届不惑之年了。

富兰克林肖像

几年中，富兰克林通过一系列实验发现，电可以从一个物体转移到另一个物体。在莱顿瓶内外两边，一边得到电，另一边则失掉电，而总电量始终是保持不变的。而且莱顿瓶外边金属箔上所带的电荷，和瓶里所带的电荷恰恰相反。

"一边得到，另一边就失掉，总电量不变化；一边是正电荷，一边就是负电荷，又是完全相反的。真有趣呀！"

继续实验，富兰克林发现带有不同性质电荷的两物体接触时，都能发出电火花。他仔细观察着这种现象，火花、响声，火花、响声……多么像雷电啊！

思考结合着观察，实验加上分析，如此反复进行，最后，富兰克林提出了大胆的假设："这雷电也是电，是自然界的电。""下一步，我一定要用实验去证实它。"

要想证明雷电的性质是电，首先就要设法把闪电捕捉到并储存到莱顿瓶里。为此，富兰克林设计了一个用丝绸做的大风筝，在风筝的主杆顶端装了一根很尖很长的铁丝，在风筝的下面系了一根细长的麻绳。

1752年7月的一天，天空突然间乌云密布，雷声阵阵，电光闪闪，捕捉"天电"的好时机终于到来了。正在费城的富兰克林带着他的儿子，冒雨进行了这一实验。

富兰克林站在门里，手执连接风筝线的丝手帕，手帕和风筝线连接处系着一把钥匙。他们迅速将风筝放入高空，这时，一道耀眼的闪电划破万里长空，带来一声惊雷，一块积雨云从风筝上空迅速飘飞过去。风筝在雨中被淋湿而成了导体并带电，风筝上的铁丝立即传导了雷电，淋湿了的风筝引绳又把雷电传到了下面的金属钥匙上。富兰克林接触了一下钥匙，钥匙放出了电火花。他又观察了淋湿的风筝引线，发现绳上原来松散的纤维，现在全向四周直立起来了，和实验室皮毛摩擦生电时完全一样。富兰克林赶紧用莱顿瓶和钥匙相接触，迅速存储了这来自天空的电。雨过天晴，风筝像远航的船儿归来了。

"啊，我们真的把天空的电捕捉起来了！"富兰克林兴奋地对他的儿子说。

随后，富兰克林利用捕捉来的"天电"，做点燃酒精灯的试验，结果证明了他的假设，天空里的电和摩擦产生的电都是一样的。

富兰克林还通过实验和观察发明了避雷针，并于1760年首次在费城的一座高大建筑物上使用，使建筑物避免了雷击的危险。他根据实验提出了著名的"电荷守恒"概念，后来，成为了许多科学家都确认的"电荷守恒定律"。

富兰克林的研究和实践，推动了电学的发展，唤醒了有才能的科学家，他们以敏感的行动，沿着富兰克林开辟的方向，积极向电的世界前进。

▉ 哈雷预言

17 世纪 80 年代之前的漫长岁月里，人们一直受着彗星的困惑而惶惶不安。丹麦有个叫布拉尔的天文学家，把彗星当作"妖星"，并给它涂上了神秘的色彩，说什么"彗星是由于人类的罪恶所造成的。罪恶上升形成气体，上帝一怒之下，把它燃烧起来，变成丑陋的星体。这个星体的毒气散布到大地，又形成瘟疫、风雹等灾害，惩罚人类的罪行。"多么令人恐怖的说法啊！1682 年的一个晴朗的夜晚，当一颗奇异的星星拖着一条闪闪发光的长尾巴，"披头散发"地出现在天空中时，人们吓呆了。天主教的神父们将这颗星视作灾难降临的预兆，大声疾呼："妖星出现，世界的末日，大家快向上帝忏悔吧！"尽管人们纷纷虔诚地忏悔，这颗星仍是一连几十个夜晚缓缓运行在浩繁的星空，王公贵族们利用这一自然现象，咒骂自己的政敌不得好死；星相家与巫师们更是乘机兴风作浪，一时间，人们惊恐万分。

然而，英国天文学家爱德蒙·哈雷（1656～1742 年）却不信邪，他对这颗彗星毫无惧意，决心要揭开所谓"妖星"的真面目。

应该说，在哈雷之前，确有不少科学家对彗星进行过研究。第谷通过对几颗彗星的认真观测，确信彗星并非如人们所相信的那样，它不是地球吐出的气，也不是近距离的流星，而是太阳系的一个天体；开普勒认为，彗星在太阳系内作直线运动；有的天文学家认为，彗星的运动不遵循其他天体所遵循的运动规律；1662 年，一个叫卡西尼

爱德蒙·哈雷肖像

的人认为，彗星可能在类似行星的轨道上运动，只是更椭长一些；牛顿却认为，彗星遵循的是抛物线轨道，太阳在它的焦点上。但是，他们都没有对彗星的轨道做过认真的计算和研究。

只有哈雷才尽全力从事于彗星轨道的计算工作。他也因此成为天文学史上第一个发现了彗星周期性的人。

哈雷四处收集英国和世界各地历史上有关彗星的观测资料，根据牛顿的万有引力定律，对 1337～1698 年间出现的 24 颗彗星的观测记录进行了详细的研究，认真计算了它们的运行轨道，并编制了一张图表。从图表上，他发现 1513 年、1607 年和 1682 年出现的 3 颗彗星的轨道十分接近，它们出现的时间又恰恰都是相隔 76 年左右。"莫非它们是同一颗彗星？"大胆的设想使哈雷眼前一亮，仿佛看到了希望。他又查阅了更早的历史资料，果然又发现，每隔 76 年左右就有一颗明亮的拖着大长尾巴的彗星出现。他又反复计算这颗彗星的运行轨道，惊人地发现：这颗彗星在运行轨道上环绕太阳运行的周期与历史上的记载完全吻合！哈雷根据这一发现向世人宣布：这是同一颗彗星！并根据它的回归周期大胆预言，这颗彗星将在 1758 年再度出现。这一消息轰动了整个欧洲大陆，人们半信半疑，拭目以待。

1758 年，哈雷逝世 16 年后，他所预言的彗星果真如期而至了：12 月 24 日，它像一列准点运行的列车，拖着一条长长的亮尾巴，按照科学家指出的轨道，穿越一个个星座来拜访地球了。直到 1759 年年初，人们还能在天空看见它。这颗彗星经过近日点的日期是 1759 年 3 月 12 日，与哈雷预报的日期只差 1 个月！

哈雷的预言实现了！科学又一次战胜了愚昧。牛顿的理论也因此被欧洲学术界一致接受了。天体力学的研究也因此向前大大地迈进了一步。人们为纪念哈雷的功绩，便把这颗蒙受"妖星"之冤的彗星命名为"哈雷彗星"。哈雷彗星也准时地于 1835 年、1910 年、1986 年回归了。

需要提及的是，哈雷作为一个名垂青史的伟大天文学家，于 1718 年还发现了恒星的自行，这又是一个重大发现，由此提出了"恒星不恒"的理论。在此之前，人们总以为所有的恒星都是固定在天球不动的，所以才称之为恒星。哈雷的新发现无疑开创了天文学恒星空间运动研究的新领域。

海王星不再神秘

人类在 18 世纪 80 年代以前，所知道的太阳系行星只有 6 颗：水星、金星、地球、火星、木星和土星。因为在那漫长的古老岁月里，人类只能凭肉眼观看星空。

1781 年，制造了反射望远镜的一代宗师、英国大天文学家赫歇耳，在双子座发现了一颗位置不断移动的异常星体，他给这颗行星起名叫天王星。这是人类第一次凭借望远镜发现的行星，它的发现，一举打破了土星所把守的太阳系的边界。

出人意料的是第八颗行星——海王星的发现，却是靠笔尖计算出来的。说起来，还有一段十分巧合的故事。

天王星发现后，天文学家们根据天体力学理论给它编制了运行表。起初，天王星的实际运行与运行表还很符合。但随着对天王星的不断观测，人们越来越感到困惑了。从 1821 年起，天文学家就发现天王星运行的实际位置与运行表不符，出现了"越轨"行为。人们当时分析，造成这种奇怪现象的只有 2 种可能，或是运行表有误，需要修改；或是天王星在其行程中受到某种未知力量的摄动，也就是说，天王星轨道外侧，或许有一颗未知行星对天王星产生引力作

亚当斯工作中

用。天文学家们经过仔细核算，运行表本身并无差错，从而推翻了前一种假设。1830 年以后，人们愈加相信"天王星轨道产生偏差是受某颗未知行星摄动"的假设。

相信归相信，然而，没有事实做依据，"相信"也永远只是一个"假设"而已。这颗未知行星距离地球可比天王星要遥远得多，又极其暗淡，别说凭肉眼了，就是用当时最先进的望远镜，在这茫茫星海中漫无目标地去搜索，也不是件容易的事。那么，就没办法找到这颗神秘的行星了吗？当时唯的一办法就是运用"天体力学"把这颗游荡的星"算"出来。

计算出这颗未知行星可不容易。在当时的条件下，从已知的行星去计算它对其他星体施加的摄动，是可以做到的；可是反过来，从摄动力去反推未知行星的轨道，难度就大多了。因为有关未知行星的一切都是未知数，不可能仅凭几次计算就可以确定，必须先假设一些条件，根据这些假设条件，计算它对天王星的摄动，再将计算结果与天王星的实际运行表对照，中间要经过无数次的反复计算、反复核对，直到计算结果与天王星的实际运行吻合才行。可以想象，这个计算量有多么巨大。如此艰巨的计算工作，使不少人望而却步了。

这个难题历史地落在了两个不知名的小人物身上，他们是英国人亚当斯和法国人勒维列。

最先运用万有引力定律进行这项计算工作的是亚当斯（1819～1892年），当时他是英国剑桥大学的研究生。他出身于一个贫苦的家庭，勤奋努力使他考上了英国的一流大学——剑桥大学，靠奖学金以优异的成绩读完了数学系的全部大学课程。在学生时期，他就对天王星轨道之谜产生了兴趣，收集了大量有关资料进行计算。大学毕业后，当上了剑桥大学的研究生，继续自己的计算。他花了整整2年时间，在1845年终于得出了这颗未知行星运行轨道的一个令人满意的计算结果。在导师的帮助下，亚当斯将自己的论文转交给当时英国的天文学权威——格林威治皇家天文台台长艾里，希望他帮助确认这颗新行星。遗憾的是，这位思想保守的皇家天文学家根本不相信一个"小人物"能计算出新行星来，便随手把亚当斯的宝贵资料扔进了抽屉。

几乎与亚当斯计算未知行星轨道的同时，法国天文学家勒维列也在进行这方面的研究。勒维列（1811～1877年）花了几年的工夫研究天王星运行的反常问题。1846年8月31日，他将自己的计算结果写了一篇论文，题为《论使天王星运动失常的行星，它的质量、轨道和现在位置的决定》。由于当时法国没有详细的星图，勒维列便将自己的论文寄给了柏林天文台的天文学家加勒，并附上一封信，说明了新行星应在的位置，求助加勒给予确认。信中说："请您把你们的望远镜指向黄经326°处宝瓶座内的黄道的一点上，您将在离此点1°的区域内发现一个圆面明显的新行星，它的光度大约等于9等星。"

比亚当斯幸运的是，勒维列的论文和信件并没有因为他只是个"小人物"而被搁置一边。加勒接到勒维列的信后，当晚就将望远镜对准了勒维列所说的天区。果然在勒维列所指出的位置附近发现了一颗从前星图上没有的星。第二天晚上他又仔细观测，发现这颗星果真移动了70角秒，与勒维列计算的每天移动69角秒相差无几。这的确就是使天王星运动异常的新行星。这一发现使柏林天文台沉浸在巨大的欢乐中。

发现新行星的消息传到了伦敦，格林威治天文台台长艾里这才想起本国青年亚当斯的计算结果。从抽屉里翻出来一看，竟与法国人勒维列的计算结果完全一致，时间还早了1年。艾里为自己的傲慢与偏见真是懊悔不迭。

■ 航空动力学大师卡门

提起"卡门涡街"，人们就会想到风吹高压输电线发出的嗡嗡响声，潜水艇潜望镜可能产生的激烈振动，人在划船时船尾出现的两排交叉的涡旋等等，因为这些现象都是"卡门涡街"带来的结果。而这个"卡门涡街"就是由航空动力学大师西奥多·冯·卡门提出的。

1881年5月11日，卡门出生在匈牙利。父亲是教育学教授，所以他从小就受到良好的家庭教育。在儿童时代，卡门就表现出非凡的数学天赋，中学毕业后，他进入了当时匈牙利唯一的工科大学约瑟夫皇家工艺大学。在这里，他用数学方法解决了一种引擎的高速运动转时，阀门开关和引擎的转速之间产生共振的机械现象，初次看到了用数学方法解决工程问题的

人类文明史上伟大的创造

RENLEIWENMINGSHISHANGWEIDADECHUANGZAO

优势，为以后跨入动力学研究领域奠定了基础。

1907 年，卡门来到当时世界著名的哥廷根大学深造，从师于"空气动力学之父"路德维希·普朗特。在普朗特的指导下，卡门利用哥廷根大学良好的实验条件，对一系列机械工程进行了研究，这为他日后从事航空动力学研究，提供了重要的技术准备。

1908 年，卡门获得了博士学位，前往巴黎学习考察。不久，他回到哥廷根大学给普朗特当助手，并参加了哥廷根第一个风洞的筹建和"齐柏林"号飞艇的设计。

20 世纪初，莱特兄弟的飞机试飞成功，轰动了全世界，各国都成立了航空方面的办事机构。为了取得有关飞机在空气中飞行的更多资料和数据，科学家们发明了"风洞实验"方法。

风洞其实就是一个大动力的送风机，它是以气流流动、飞行物模型静止来模拟飞行物飞行的实际情况，来获得各种飞行情况的珍贵数据。风洞的成功运用，推动了飞行物的研制，它使从事飞行物研究的科学工作者有可能用实验来检查理论计算的正确性。因此，"风洞实验"方法成为现代制造各种飞行器（包括火箭、卫星等）不可缺少的实验装置。哥廷根风洞是为了"齐柏林"号飞艇设计服务的，卡门协助普朗特完成了德国第一批空气动力学实验。

1911～1912 年间，普朗特为研究边界层分离现象，让人设计了一个水槽，来观察流体经过圆柱体后面的分离现象。结果发现，流水在圆柱后形成 2 排交叉的涡旋。普朗特对这一现象并不介意，他认为这是因为圆柱不够圆或水槽做得不对称，而卡门却没有放过这一现象，他通过周密的数学分析，从理论上证明了只有交叉排列的涡旋，才是稳定的。由于这交叉排列的涡旋好像是大街两旁的 2 排街灯，于是人们把这一现象叫做"卡门涡街"。现在，"卡门涡街"所产生的效应是建筑设计中必须考虑到的问题，因为一切建筑物都处于空气这一流体中，风速过快时都会产生"卡门涡街"，而有可能发生危险。1940 年，美国西雅图附近的一座横跨科马海峡的大桥顷刻崩塌，就是一个很好的教训。

由于卡门出身犹太血统，自第一次世界大战后，为摆脱欧洲排犹势力

67

的干扰，他毅然来到美国，在加州理工学院任航空研究生院实验室主任。经过 10 多年的努力，到 1942 年时，卡门领导的加州理工学院航空实验室，已经成为国际流体力学研究中心。他指导培养的两代科学家和工程师，为航空技术的发展奠定了扎实的科学基础。

第二次世界大战期间，由于卡门的远见卓识，美国空军改变了落后局面，打得德、日法西斯魂飞魄散，号称"空中铁军"。二战后，他又全身心地致力发展国际航空事业，他参与了战后美国航空发展规划的制订，倡导和呼吁建立航空工业的一系列研究机构。他还主持了两次国际航空会议，创建了国际宇航科学协会，成立了国际宇航科学院。他的足迹遍布全世界，并推动国际宇航事业的发展作出了重要贡献。

由于卡门在航空、航天领域中立下的不朽功绩，1963 年 2 月 18 日，由美国总统代表国家亲自将"国家科学勋章"颁发给卡门，这是美国政府颁发的第一枚科学勋章。2 个半月后，由于心脏衰竭，卡门在 82 岁寿辰前 5 天，离开了人世，结束了他传奇的一生。

卡门逝世后，中国人民一直怀念他，因为中国航空事业的发端也得益于他的关心和指教。1929 年，他到过中国，建议在清华大学开设航空课程。抗战爆发后，清华大学创办了航空系，卡门派他的养子、年轻的航空技术专家沃登道夫来华担任该系的科学顾问。他还培养出一批出色的中国专家。众所周知的钱学森、郭永怀、钱伟长等都是他的高材生，新中国成立后，他们都成为举足轻重的科学家和中国的航空航天泰斗。

戈达德发明火箭

美国马萨诸塞州的一个果园里，一个小男孩正给樱桃树修剪枯枝。

他爬上了一棵高大的樱桃树，眺望着远方的田野。突然，他头脑中冒出一个念头：人要是能飞到星星上多好啊！怎样才能制造出飞上火星的装置呢？

小男孩从樱桃树上爬下来，坐在树下沉思起来。他想象着有种机器在草地上飞快地旋转着，急速上升，飞向太空，飞向那遥远的未知的世界。

从果园回来后，小男孩似乎变成了另外一个人。父母发现他整天在学习数学和做科学小实验，即使卧病在床的时候，他也不放过星点儿时间。看着瘦弱的常患病的孩子，父母总是心疼地劝说他休息。

他就是美国物理学家和火箭技术的先驱者——罗伯特·戈达德。

童年在果园的美丽梦想成了戈达德所有生活的支柱。在随后的日子里，他不断地攻读数学，坚持做实验，到长大些的时候，他居然攻读起物理学家牛顿的著作来。

上大学时，戈达德考入伍斯特工学院。

罗伯特·戈达德人物像

1911 年，29 岁的戈达德在克拉克大学获理学博士学位，并在这所大学开始了火箭研制工作。

刚开始时，戈达德做理论研究工作，探讨火箭做高空大气研究的价值和达到月球的可能性。1919 年，他发表了《达到超高空的方法》，全文只有69 页，是他理论研究的结果。小册子发表了，但没有引起人们的丝毫注意。其实，10 年前俄国物理学家齐奥尔可夫斯基也曾做过类似的研究，写过相似的论文，但也没有引起世人的注意。

戈达德在理论研究后，决定进行实践操作，想用成功的事实来证明他的理论的正确性和可行性。

1922 年，戈达德开始了用汽油和液氧做燃料的火箭引擎试验。

1926 年冬天，在马萨诸塞州的田野上，戈达德发射了自己制作的第一枚火箭。这枚火箭高约 1.2 米，直径约 15 厘米。火箭里的汽油和液氧混合燃料耗尽后，它仍在继续上升，上升高度是 60 米，时速 100 千米左右。

火箭技术的研究可以追溯到中国。发明火药的中国人在 13 世纪就发明了"飞火箭"，并运用于战争。还有印度人、阿拉伯人、波兰人等也曾研究过火箭技术。但戈达德是第一位设想用火箭或许能载人飞向天外的人。

1929 年 7 月，又一枚火箭在戈达德的家乡飞向天空。它飞得更高，而且载有气压表、温度计，拍摄气压表和温度计的小型照相机。

试验刚刚结束，警察居然找到戈达德，命令他以后不许在马萨诸塞州做试验。

戈达德只好到新墨西哥州一块荒凉的土地上开始新的试验。经过许多努力，他得到一位慈善家馈赠的一笔钱，他的试验才得以维持。

在这里，戈达德制作更大型更成功的火箭。他的火箭有燃烧室，因用汽油和超高压的液氧作燃料，燃烧室的壁能保持冷却。戈达德还发明了控制火箭飞行方向的转向装置，使火箭沿正确方向飞行的陀螺仪等。

1930～1935 年的时间里，戈达德发射了数枚火箭，火箭的速度最高达到超音速，飞行高度达到 2.5 千米。

但遗憾的是戈达德的研究没有得到美国政府的关注和支持，只给过他一小笔预算，让他设计飞机在航空母舰起飞时用的一种小型火箭。

戈达德在默默无闻中，靠自己的毅力和勤奋发明创造了火箭，是美国第一枚火箭的宇宙时代的开创者。

戈达德虽在美国没有受到重视，在德国却有一批推崇者。他们用戈达德的原理制成了 V2 火箭，并在第二次世界大战中发挥了威力。

二战结束后，美国科学家向德国科学家请教火箭制造的技术，德国科学家目瞪口呆，"你们不知道戈达德吗？我们是用他的原理研究和制造火箭。他是我们的老师。"

美国科学家震惊后再去寻找戈达德时，一切都晚了。1945 年 8 月 10 日，戈达德已经离开了人世。

第一座原子反应堆的建立

1939 年夏，第二次世界大战已经开始了，在美国普利斯敦高级研究所里，科学家爱因斯坦正和美籍匈牙利物理学家西拉德等人忧心忡忡地谈论着一个话题：德国人有可能利用原子能制造出某种爆炸物来用于战争，因为就在这一年的年初，德国物理学家哈恩和斯特拉斯曼在柏林用慢中子轰击铀之后，发现核裂变过程中释放出大量的核能，核裂变在德国被发现，立即使人产生了一种紧迫感，甚至恐慌感。

为了对付德国人的核武器，科学家们一致主张敦促美国政府也研制核武器。这样，爱因斯坦给当时的美国总统罗斯福写了一封信，信中详细介绍了希特勒已把原子能的研究纳入政府监督下秘密进行，很快就会制造出原子弹，为防止德国的讹诈，建议美国应采取积极措施。

罗斯福收到信件后，于1939年10月11日下令组织"铀矿顾问委员会"，他还组织了一个科学代表团前往英国考察。通过一系列调查研究，1941年12月6日，罗斯福终于下令进行原子能研究，并批准了研制原子弹的"曼哈顿工程"计划。为了验证链式反应的实际条件，美国决定建立一座原子反应堆，领导这一工作的就是意大利著名物理学家恩里科·费米。

费米于1901年9月29日出生在意大利罗马一个铁路职员家庭。他从小爱好自然科学。中学毕业后，他决心投考比萨大学的高等师范学院物理系，并如愿以偿。在他21岁时，就以优异的博士论文通过答辩，成为意大利物理学界最年轻的物理学博士。此后的几年时间里，费米主要从事微观粒子的统计规律研究，提出了一整套计算方法，即"费米统计"。1926年，"费米统计"方法发表后，立即得到推广，使它在原子物理和核物理领域得到普遍应用，成为经典的理论。

费米计算公式

1919年，卢瑟福在用α粒子轰击氮核时，发现氮原子核变成了氧核和氢核，从而实现了人类历史上第一次原子核的人工蜕变。此后，随着人们

71

对原子核反应的继续探索，许多类似的核反应不断被发现。1934 年，约里奥—居里夫妇宣布了一项重大发现：他们用 α 粒子轰击硼和铝，可以获得人工放射性元素——氮和磷。这说明，一种原子经过轰击之后，可以变成另一种原子。这一发现为人类探索和研究核反应开辟了一个崭新的领域。然而，利用 α 粒子为"炮弹"轰击氮核、硼核和铝核，由此引起的核反应的能力和效率不高，因而很难显示出核反应过程中所蕴藏的巨大能量，这一个划时代的问题怎样解决呢？

这个问题吸引了很多科学家来研究，费米在这时也把研究重点转向了原子结构领域。

1932 年查德威克发现中子后，引起了费米的高度重视，他认为可以用中子做炮弹，轰击原子核来产生放射性元素。因为中子是电中性的，它不受靶核的静电排斥，所以中子肯定比 α 粒子容易打进靶核而引起反应，尤其是引起一些重元素的核反应。费米基于上述的考虑，他和他的合作者就用铍和镭作为中子源，进行了 3 年紧张的研究工作，首批发现了约 40 种新的放射性物质——同位素，取得了可喜的成就。

1934 年，费米等人在一次偶然的机会中发现，通过石蜡过滤后的中子，它产生的核反应要比直接从镭＋铍的中子源所产生的核反应激烈得多。费米反复思考，终于悟出了一个道理，中子通过石蜡，由于弹性碰撞的缘故使其放慢了速度。这种慢中子，在产生核反应上，要比快中子的能力高出成百倍。费米抓住这个"慢中子"不放，进行了专门的研究，创造了中子慢化的数学理论，为开拓原子核物理方面做出了重大贡献。为此，他荣获了 1938 年度的诺贝尔物理学奖。

正当费米的研究工作蒸蒸日上时，意大利法西斯颁布了反犹太法令，由于费米的夫人是犹太人，他不得不考虑出路问题。这样，他利用到斯德哥尔摩接受诺贝尔物理学奖的机会，带着妻子和两个孩子，逃离了欧洲大陆，第二年来到了美国。

1941 年，美国决定建立一座原子反应堆，并委任费米为技术负责人。这样，1941 年 12 月费米来到芝加哥，领导一批物理学家在芝加哥大学斯塔格运动场西看台下的网球场中，开始建造世界上第一座原子反应堆。为了保密，就在这比赛场的入口处挂上一个牌子，上面写着"冶金技术研究所"。

在费米的领导下，经过 1 年的努力，世界上第一个原子反应堆建成了。这个反应堆是由石墨层和铀层相间堆砌而成的，共计 57 层。它的高约 6.5 米，宽 9 米，长 10 米。它的机理就是链式反应的产生与控制，即最初的铀的原子被中子发生器发生的中子轰击后，分裂出来的中子又对其他铀的原子进行轰击，从而释放大量的能量。在实验中，他们在反应堆里插着一根根镉棒，这是为了控制原子分裂。

1942 年 12 月 2 日，实验开始了。在费米的指挥下，开始抽出插入铀堆中的镉棒，原子核反应激烈地进行着，在反应堆顶上，有两个人手提装满镉的水桶，随时准备向可能失去控制的反应堆里灌注镉液，因为镉能吸收中子，人们都屏住呼吸，全神贯注地看着整个过程，经过一段时间，核反应进入了自持阶段。

费米主持的世界上第一座核反应堆的成功运转，标志着原子核能的光辉时代已经到来了。但是，几年过去后，美国研制了原子弹，并在日本的广岛和长崎完成了杀人的初次尝试，给人类和平带来了可怕的阴影。

原子弹诞生

1939 年 8 月的一天，一封由著名科学家爱因斯坦签名的信，放在了美国白宫椭圆形办公室罗斯福总统的办公桌上：

"总统阁下：……元素铀在最近的将来，将成为一种新的、重要的能源。……在不远的将来，有可能制造出一种威力极大的新型炸弹。……目前德国已停止出售它侵占的捷克铀矿的矿石。如果注意到德国外交部次长的儿子在柏林威廉皇帝研究所工作，该所目前正在进行和美国相同的对铀的研究，就不难理解德国何以会有此举了。"

罗斯福总统默默地读完了爱因斯坦的信，他有些犹疑不定：这件事非同小可，这种谁也没见过的原子弹能否制造出来？人员、经费、保密问题如何解决？假如制造中不慎爆炸怎么办？

他召来了科学顾问萨克斯。萨克斯提醒他说，当年拿破仑就是因为没有采用富尔顿创造蒸汽船的建议，最终没能渡过英吉利海峡征服英国。如今，德国正在疯狂扩军备战，一旦得逞，美国就会处于危险被动的境地。

经过1周的思考和研究，10月19日，罗斯福决定对爱因斯坦的信作肯定的回答。他按了一下手边的电铃按钮，指着一大堆各种说明资料，对应声而入的军事助手平静地说道："这件事必须很好地处理"。

按照罗斯福的指令，一个代号为"S－11"的特别委员会很快成立起来，开始了核试验研究。

1942年8月，美国陆军工程兵团建筑部副主任格罗夫斯将军主持"S－11"特别委员会的科学家和高级管理人员召开会议，制定了一个名叫"曼哈顿"的新计划。计划规定，研究工作所有指挥权都集中在"曼哈顿"工程管理处。格罗夫斯将军坐镇华盛顿"曼哈顿"总部，而新墨西哥州荒原上的原子实验室由著名科学家罗伯特·奥本海姆主持。他们俩每天通过电话联系，及时解决工作中出现的问题。

整个工作受到严格保密，连副总统杜鲁门也是在1945年罗斯福死后接任总统时才得知这一计划。

与此同时，纳粹德国也在加紧研究制造原子弹。1942年6月，罗斯福与丘吉尔会晤，全面衡量了双方研制原子弹工作进展情况。他们从情报中获悉，德国占领挪威后，便命令挪威一家生产重水的工厂每年向德国提供5吨重水。重水是使原子反应堆中的中子得以减速的缓冲材料。有了重水就能控制反应堆，制造原子弹就有了可能。为了阻止德国制造成原子弹，必须炸毁挪威的重水工厂，切断德国的重水来源。

1943年2月17日，盟国派出的突击队经过一次失败后，终于潜入了挪威重水工厂。他们把炸药贴在重水罐的桶板上，点燃了导火索，随着"轰"的一声爆炸，所有罐中的重水流入了下水道。

这次爆破的成功，使这个重水工厂至少1年之内无法再生产出一滴重水。纳粹德国制造原子弹的工作受到了阻碍。为了抢在德国人之前造出原子弹，美国向欧洲战场派出了"阿尔索斯"行动小组，专门在欧洲各地搜捕德国科学家和收集德国制造原子弹的情报。美国认为，得到一个第一流的德国科学家，比俘获 10 个师的德军还要重要。

1944 年春季，"阿尔索斯"行动小组忽然发现，在德国占领区的小镇黑兴根，有一个德国"U 计划"基地，这一情况传到了美国陆军总部。陆军参谋长马歇尔和几个高级将领趴在地板上的大地图上找了半天，才找到了这个不知名的小镇。他们当即决定，派出一个突击兵团袭击黑兴根。行动获得了成功，黑兴根的这个"U 计划"基地被彻底破坏。

1945 年 7 月 16 日 5 时 30 分，美国制造的第一颗试验性原子弹在新墨西哥州爆炸成功。一道闪电划破了黎明的长空，一团巨大的火球升上 8 千米高空，大地也在微微颤抖。美国整个西部都听到了爆炸巨大的声响，很多人惊奇地以为太阳提前升起了。

美国第一批制造出 3 颗原子弹。第一颗试爆的原子弹命名为"瘦子"，另外 2 颗分别叫"胖子"和"男孩"。

正在参加波茨坦会议的美国总统杜鲁门得知这消息，异常高兴。他认为，原子弹不仅是一种可以对付日本的军事武器，也是一种可以抑制苏联，提高美国国际地位的外交武器。8 月 2 日在他归国途中，他决定立即对日本使用原子弹。

人类登月

每当我们抬头仰望灿烂无比的星空，看见那时圆时缺、洁白如玉的月亮时，就会想起嫦娥奔月，想象着寂寞的嫦娥怀抱玉兔，倚坐在广寒宫里。但是，我们心里明白，这只是神话，月球上根本没有人。

然而，1969 年 7 月 16 日之后，我们再仰望月亮时，所想到的已不仅仅是这美丽的神话了，因为我们人类已经登上了月球。

是谁第一个踏上了月球，他又是怎样飞上去的呢？这要从美国制定的一项宏伟计划"阿波罗登月计划"说起。

第二次世界大战之后，美国和苏联这两个超级大国在展开军备竞赛的同时，也拉开了空间竞赛的序幕。在空间竞赛中，苏联一路领先。1957年10月4日，苏联的第一颗人造卫星"旅游者一号"上天，这是人类科学史上第一颗人造地球卫星。同年12月4日，苏联又成功发射了载有一只小狗的第二颗人造卫星，这是人类第一次把地球生物送上太空，1959年9月12日，苏联发射了"梦想2号"卫星，在月球上第一次出现了人造物体。1961年4月21日上午9时7分，苏联宇航员加加林驾驶着"东方1号"直冲太空，在地球轨道上飞行了100分钟后安全返回地面，成功地实现了人类历史上第一次太空飞行，加加林成为第一个进入太空的人。

苏联在太空技术方面的领先地位，不断刺激着在空间竞赛中的对手美国。就在加加林从太空返回地球的43天之后，美国总统肯尼迪向世人宣布："美国要在10年内将一个人送上月球，并让他安全返回地面。"著名的"阿波罗登月计划"就在这样的背景下出台了。

可是，将人送上月球，谈何容易！这10年期间，美国先后发射了9个"徘徊者"探测器、7个"勘探者"探测器、5个月球轨道环形站，实施了测试人在太空中的活动能力的"水星计划"、测试人在太空长时间滞留的生理问题和航天器对接问题的"双子星座计划"，以及制造能将载人飞船送入月球轨道的"土星计划"；1968年、1969年分别成功发射了绕月飞行后又顺利地返回地球的"阿波罗8号"、在太空中做了登月舱与母舱分离与对接试验的"阿波罗9号"和宇航员驾驶登月舱在离月面仅14千米的低空飞行并向地球转播了29分钟月球风光的"阿波罗10号"。这一系列"登月总排练"为最终完成登月计划做好了一切准备。在艰巨的准备过程中，宇航员们做了20多次

"阿波罗11号"登月后，在月球上拍摄的照片

试验飞行，有 3 名宇航员为这项伟大计划献出了生命。

1969 年 7 月 16 日美国东部时间 9 时 23 分，人们期待已久的时刻终于来到了："阿波罗 11 号"宇宙飞船载着阿姆斯特朗、奥尔德林和柯林斯 3 名宇航员，从佛罗里达州的肯尼迪航天中心一声呼啸，直冲太空。经过 3 小时绕地球飞行后，脱离地球轨道，向月球奔去，开始了人类第一次登月旅行。

飞船经过 3 天的惯性飞行，第 3 天中午 12 时，宇航员们突然感觉舒服多了，原来是地球引力开始起作用了。飞船从月背面西边进入月球轨道，绕月飞行了 13 周后，宇航员阿姆斯特朗和奥尔德林驾驶登月舱"鹰号"与母舱"哥伦比亚号"脱离，向月球飞去。

下午 4 时 12 分 40 秒，"鹰号"在月面软着陆成功，驾驶长阿姆斯特朗率先走出登月舱，一步一步走下了阶梯，在月球上踏下了人类第一个脚印，成为人类有史以来第一个登上月球的人。正如他无限感慨的那样："这一步，对一个人来说仅仅是一小步，但对整个人类来说，却是一次大飞跃。"

奥尔德林紧随其后也踏上了月球。两名宇航员环顾四周，一片荒凉冷寂的景象，没有生命，没有绿色，死气沉沉的一片，唯一让人赏心悦目的景致是那如明亮耀眼的圆盘悬挂在月球上高山丛中的地球。月球的吸引力比地球的小多了，使人有种飘飘欲仙的感觉，行走起来一跳一跳的。他们将一块特别的金属牌竖立在月面上，上边写着：

"公元 1969 年 7 月，来自行星地球上的人类首次登上月球，我们为和平而来。"

金属牌下放置了代表 73 个国家元首的信，1 面美国国旗；还有 5 名为征服太空而献身的苏、美宇航员的金属奖章，他们是苏联的加加林、科马罗夫和美国的格里索姆、怀特和查菲。

阿姆斯特朗和奥尔德林在月面上逗留了 21 小时 36 分钟，他们将 1 台月震仪和 1 台激光反射器安放在月球上，并搜集了 27 千克的月球石和土壤，便驾驶着"鹰号"登月舱顺利离开月球，与母舱会合。

历经 8 天的太空探险，参加人类第一次登月旅行的 3 位勇士安全返回地球，飞船降落在太平洋上。这次飞行实现了人类登上另一个星球的梦想。

继"阿波罗 11 号"登月成功之后，美国又先后发射了多艘宇宙飞船：

阿波罗12号、14号、15号、16号和17号；共有12名宇航员登上了月球，带回了386千克的月岩及大量资料，开辟了月质学的研究。对这些样品和资料的研究证明，月球的年龄约为46亿年，与地球相同，但它在30亿年前就停止了演化。虽然地球上的元素月球上全有，还有6种地球上没有的矿物，但却没有任何生命迹象，连最低等的微生物都不存在。当然，更没有"嫦娥"、"玉兔"了。现在月球上唯一与生命有关的东西，就是登月宇航员们留下的人类的脚印了。

最后一次"阿波罗17号"的飞行于1972年12月结束，整个"阿波罗登月计划"拉上了帷幕。"阿波罗登月计划"在人类文明史上具有划时代意义，首次将人类文明带入了地外空间，显示了人类文明的伟大成就，开辟了人类的空间时代。

■ 寻找外星人

几千年来，不甘寂寞的地球人就在孜孜不倦地寻找地外智能生命——外星人。最初，外星人存在于人类的神话传说中，如西方人《圣经》里庞大的宙斯神族；东方人笔下的月中嫦娥、银河织女。到了19世纪，外星人又出现在科幻故事中，如科幻小说家威尔士的到地球寻找水源的火星人。

进入20世纪后，人类寻找地外智能生命的热潮有增无减，随着科学技术的飞速发展，人们已不满足于想象和假设。1959年，一个叫莫里森的美国人发表了一篇颇具权威性的论文，第一次提出了与外星人进行通讯接触的问题。他认为，地外的文明社会也必然与我们地球人一样是渴望与外界接触的。他们会发射无线电波，所以，设法接收外星人发出的文明信号或通过彼此熟悉的频率发射无线电波，这是最简单最有实效的方法。莫里森的一席话在科学界引起巨大反响，从此拉开了寻找（而不是幻想）外星人的帷幕。也正是从这时起，关于宇宙人这个古老命题从神话传说步入了科学研究的实践阶段，一个用科学手段"寻找地外智能生命"的行动（简称SETI）开始了。

在寻找外星人的探索中，人类科学技术的发展，一次又一次证实了除了我们地球，太阳系再也没有智能生命。于是人类将目光投向了太阳系以外的星球。

在茫茫的星海中盲目地寻找地外智能生命，无疑是"大海捞针"之举。科学家们分析研究了生命产生演化及生存的条件后认为，智能生命最可能居住的星球就是行星。

天文学家寻找恒星周围的行星至少已有一两千年的历史了。但是真正取得某些进展，还是 20 世纪以来最近几十年的事，科学家在寻找太阳系外行星的过程中，除了发现了太阳系外行星，还在河外星系中发现了生命必需的物质——水和氧。最早宣布这一发现的是巴西 2 名天文学家保罗·马克斯·桑托斯和雅克斯·莱皮内。1978 年 9 月 22 日这天，当他们用射电望远镜观测来自 NGC4945 星系（距地球约 1200 万光年）的强射电时发现，那里存在着水的蒸气和氧气分子。这一发现更增添了人类寻找外星人的信心。

要寻找外星人，首先要解决如何与外星人联系的问题。科学家根据人类现有的科技水平，提出了 3 个主要途径：无线电通讯、生物通讯和宇宙飞船。

与外星人进行无线电通讯，语言是首先需要解决的问题。著名学者弗勒登塞尔是研究宇宙语言方面的专家。早在 1960 年他便发表了《宇宙交际语言的设计》一书，1974 年又出版了《宇宙语言》专著，他提出运用数学方法解释普通的语句，并用数学的二进位制设计了一套无线电信号。

第一次接收外星人无线电讯号的实验为奥斯玛（OZMA）计划。这一计划的命名颇有些戏剧色彩："奥斯"原是一部儿童故事片中的一个地名，它在宇宙间一个遥远的星球上。那里住着一个叫"奥斯玛"的美丽公主，"奥斯玛"计划的含义便是"寻找遥远的外星文明"。

美国射电天文学家德雷克是奥斯玛计划的首倡者（1960 年），也是该项计划的负责人。1974 年，德雷克设计出了一种宇宙电报，电文便是采用了宇宙语言专家弗勒登塞尔倡导的二进制数学语言表示。全文由 1679 个 1 和 0 组成，共 73 行，每行 23 个符号。如果将符号 0 涂成黑色块，就会得到一幅图案，全部信息就在这图案中：图的顶部是数字题，从右至左用二进制表示 1～10 的数字。下一行中间是 5 个二进制数字，表示地球生命的基本元素氢、氮、氧、碳、磷的原子数，接下来是一道化学题，12 个二进制数字列出了 DNA 基本化学成分的方程式，这些分子作为地球生命的钥匙，由图中一条螺旋曲线表示。全部化学结果就是图中央的直立人形，象征着人的起源，人左边的数字表示地球上的人口数，右边数字表示人的平均高度，用发射此电报的电波波长（12.6 厘米）的倍数表示。人的脚下是太阳和九大行星，人脚正踏在距太阳最近的第 3 个小块上，这小块特地向上凸起，表示人就生活在这个行星——地球上。图底是阿雷西博射电望远镜天线的直径。

这份为宇宙人寻找地球人提供了宝贵信息的精心设计的宇宙电报，于 1974 年 11 月 16 日 13 时半，由位于美国波多黎各山谷的阿雷西博天文台发出。这是地球人首次向地外智能生命发出的电报，发射的方向是具有 30 万个星球的北天武仙座球状星团 M13，倘若其中哪个星球有智能生物的话，只要他们也掌握了射电天文技术，就一定能明白这份电报的内容。由于 M13 球状星云距离地球 25000 光年，若要收到宇宙回电，至少在 5000 年之后。

科学家们不仅做了向外星人发出信号的努力，还利用人类现有科学技术，想方设法接收外星人发出的信息，这也是奥斯玛计划之一。

从 1960 年 4 月 8 日清晨，由奥斯玛计划的第一个实施者德雷克在美国国立电波观测所开始了搜寻地外智能生命的信息起，直到今天的这近 50 年里，美国、英国、苏联、澳大利亚等国的天文学家以及一些民间业余天文爱好者，在搜寻外星人发出的信息方面做了大量的尝试，仅阿雷西博天文台在 1975～1976 年间，探测时数就达 100 小时以上。人们在搜寻期间，也不乏因误收信号而闹出笑话。最有趣的是"小绿人"风波。1968 年，英国剑桥大学的女研究生乔斯琳·贝尔接收到一个距地球约 212 光年处的 1.33 秒的脉冲信号，当时认为这很可能是外星人发出的信息。地外生命研究专家推测，这个星球的智能生物能发出如此强的信号，必定文明程度极高，因而人体退化变小，他们还可能像植物一样直接利用恒星的光能，因此皮肤可能是绿色的。于是乎，"小绿人"在呼叫地球人的消息顿时沸沸扬扬地传开了。可是没过多久，人们就失望了。原来贝尔和她的导师休伊什终于搞清，他们接到的信号原来是一个脉冲星发出的。类似这种脉冲星或类星体跟地球人开的玩笑不少。

当美国等国家在用无线电通讯搜索外星人的同时，日本却在尝试另一种搜寻外星文明的工作，这就是生物通讯。这项工作的主要代表是弘光阳子和大岛泰郎。他们推测，智慧高于地球人的外星人或许早已给我们带来过信息，只是这些信息很可能隐藏在某些细菌或噬菌体的遗传材料中。这些携带宇宙信息的微生物会在我们地球上不断繁殖后代。若能破译这些隐含宇宙信息的微生物的遗传密码，就能知道宇宙信息了。尽管这条路上也是困难重重，但科学家们仍是信心百倍地要将生物通讯的理想变为现实。

无线电通讯也好，生物通讯也罢，都只是地球人与外星人之间不见面的信息交流。寻找外星人的最直接的途径就是借助宇宙飞船飞越太空了。

当然，载人飞到居住着外星人的星球上是不现实的，据科学家计算，即使飞往离地球最近的恒星系（距离为4.278光年），也要耗费11.5年。人类现在所能做到的是，20世纪70年代初，美国发射了"先驱者"10号和11号宇宙飞船，携带着旨在与外星人联系的金属信息板飞向太空深处。"旅游者1号"和"旅游者2号"宇宙飞船也携带着"地球之音"唱片，飞出太阳系去寻找人类的"知音"。

1992年10月12日，SETI计划将随着太空望远镜实现网络化，这将使由奥斯玛计划开创的寻找外星智能生命的新纪元，进入全天候搜寻外星人的新阶段。

建筑水利

人类文明史，留下许多伟大的建筑和水利工程。这些历史遗迹告诉我们，人类的智慧是无限的，只要合理开发，永远不会枯竭。那些建筑和水利工程，是我们祖先智慧的结晶，我们在继承这些历史遗产的同时，要合理保护它们，让它们永远成为我们人类文明的重要见证者。

金字塔

相传，古埃及第三王朝之前，无论王公大臣还是老百姓死后，都被葬入一种用泥砖建成的长方形的坟墓，古代埃及人叫它"马斯塔巴"。后来，有个聪明的年轻人叫伊姆荷太普，在给埃及法老左塞王设计坟墓时，发明了一种新的建筑方法。他用山上采下的呈方形的石块来代替泥砖，并不断修改修建陵墓的设计方案，最终建成一个6级的梯形金字塔——这就是我们现在所看到的金字塔的雏形。

金字塔是人类最伟大的建筑之一

在古代埃及文中，金字塔是梯形分层的，因此又称作层级金字塔。这是一种高大的角锥体建筑物，底座四方形，每个侧面是三角形，样子就像汉字的"金"字，所以我们叫它"金字塔"。伊姆荷太普设计的塔式陵墓是埃及历史上的第一座石质陵墓。

左塞王之后的埃及法老纷纷效仿他，在生前就大肆为自己修建坟墓，从此在古埃及掀起一股营造金字塔之风。由于金字塔起源于古王国时期，而且最大的金字塔也建在此时期内，因此，埃及的古王国时期又被称为金字塔时代。

古代埃及的法老们为什么要将坟墓修成角锥体的形式，即修成汉字中的"金"字形呢？

原来，在最早的时候，埃及的法老是准备将马斯塔巴作为死后的永久性住所的。后来，大约在第二至第三王朝的时候，埃及人产生了国王死后要成为神，他的灵魂要升天的观念。在后来发现的《金字塔铭文》中有这样的话：

"为他（法老）建造起上天的天梯，以便他可由此上到天上。"

金字塔就是这样的天梯。

同时，角锥体金字塔形式又表示对太阳神的崇拜，因为古代埃及太阳神"啦"的标志是太阳光芒。金字塔象征的就是刺破青天的太阳光芒。因为，当你站在通往基泽的路上，在金字塔棱线的角度上向西方看去，可以看到金字塔像撒向大地的太阳光芒。

《金字塔铭文》中有这样的话："天空把自己的光芒伸向你，以便你可以去到天上，犹如拉的眼睛一样。"后来古代埃及人对方尖碑的崇拜也有这样意义，因为方尖碑也表示太阳的光芒。

古埃及所有金字塔中最大的一座，是第四王朝法老胡夫的金字塔。

这座大金字塔原高 146.59 米，经过几千年来的风吹雨打，顶端已经剥蚀了将近 10 米。但在 1888 年巴黎建筑起埃菲尔铁塔以前，它一直是世界上最高的建筑物。这座金字塔的底面呈正方形，每边长 230 多米，绕金字塔一周，差不多要走 1 千米的路程。

胡夫的金字塔，除了以其规模的巨大而令人惊叹以外，还以其高度的建筑技巧而著名。塔身的石块之间，没有任何水泥之类的黏着物，而是一块石头叠在另一块石头上面的。每块石头都磨得很平，至今已历时数千年，人们也很难用一把锋利的刀刃插入石块之间的缝隙，所以能历数千年而不倒，这不能不说是建筑史上的奇迹。

另外，在大金字塔身的北侧离地面 13 米高处有一个用 4 块巨石砌成的三角形出入口。这个三角形用得很巧妙，因为如果不用三角形而用四边形，那么，100 多米高的金字塔本身的巨大压力将会把这个出入口压塌。而用三角形，就使那巨大的压力均匀地分散开了。在 4000 多年前对力学原理有这样的理解和运用，能有这样的构造，确实是十分了不起的。胡夫死后不久，在他的大金字塔不远的地方，又建起了一座金字塔。这是胡夫的儿子哈夫拉的金字塔。它比胡夫的金字塔低 3 米，但由于它的地势稍高，因此看起来似乎比胡夫的金字塔还要高一些。塔的附近建有一个雕着哈夫拉的头部而配着狮子身体的大雕像，即所谓"狮身人面像"，西方人称它为"司芬克斯"。雕像高 20 米，长 57 米，一只耳朵就有 2 米高。除狮是用石块砌成之外，整个狮身人面像是在一块巨大的天然岩石上凿成的。它至今已有 4500 多年的历史。为什么刻成狮身呢？在古埃及神话里，狮子乃是各种神秘地方的守护者，也是地下世界大门的守护者。因为法老死后要成为成太阳神，所以就造了这样一个狮身人面像为法老守护门户。

第四王朝以后，其他法老虽然建造了许多金字塔，但规模和质量都不能和上述金字塔相比。第六王朝以后，随着古王国的分裂和法老权力下降以及埃及人民的反抗和有些人的盗墓，常把法老的"木乃伊"从金字塔里拖出来，所以埃及的法老们也就不再建造金字塔，而是在深山里开凿秘密陵墓了。

如果说关于金字塔大胆而奇妙的设计的传说还能为现代人所接受，那么它的规模如此巨大的建造过程就难以令人想象了。胡夫的金字塔是用上百万块巨石垒起来的，每块石头平均有 2000 多千克重，最大的有 100 多吨重。这些巨石是从尼罗河东岸开采出来，既无吊车装卸，也无轮车运送。

被称为"西方史学之父"的希罗多德曾记载，建造胡夫金字塔的石头是从"阿拉伯山"（可能是西奈半岛）开采来的。不过我们现在知道，石头多半是本地开采的，修饰其表面的石灰石，是从河东的图拉开采运来。在那时开采石头并不容易，因为当时人们并没有炸药，也无钢钎。埃及人当时是用铜或青铜的凿子在岩石上打上眼，然后插进木楔，灌上水，当木楔子被水泡胀时，岩石便被胀裂。这样的方法在今天看来也许很笨拙，但在4000多年前，却是很了不起的技术。从采石场运往金字塔工地也极为困难。古代埃及人是将石头装在雪橇上，用人和牲畜拉。为此需要宽阔而平坦的道路。修建运输石料的路和金字塔的地下墓室就用了10年的时间。

在建造胡夫金字塔时，胡夫强迫所有的埃及人为他做工，他们被分成10万人的大群来工作，每一大群人要劳动3个月。这些劳动者中有奴隶，但也有许多普通的农民和手工业者。古埃及奴隶是借助畜力和滚木，把巨石运到建筑地点的，他们又将场地四周天然的沙土堆成斜坡，把巨石沿着斜坡拉上金字塔。就这样，堆一层坡，砌一层石，逐渐加高金字塔。建造胡夫金字塔花了整整20年的时间。

对于希罗多德的说法，后人提出了许多的疑问。但是到今天仍然是一个没有人能做出完满答案的难题。人们怎能不佩服埃及人民的伟大力量和智慧！

进入20世纪以来，随着飞碟观察和研究活动越来越广泛，有人甚至把神秘的金字塔同变幻莫测的飞碟上的外星人联系起来。他们认为，在几千年前，人类是不可能有建造金字塔这样的能力，只有外星人才能有。他们经过计算还发现，通过开罗近郊胡夫金字塔的经线把地球分成东、西两个半球，它们的陆地面积是相等的。这种"巧合"大概是外星人选择金字塔建造地点的用意。

然而，一位叫戴维·杜维斯的法国化学家，提出了一个关于金字塔建造的全新见解，他认为，建造金字塔的巨石不是天然的，而是人工浇筑的。他从一位考古学家那里，得到5块从埃及胡夫金字塔上取下的小石块，对它们逐个加以化验。出乎意料的是，化验结果证明，这些石块由贝壳石灰石组成。尽管考古证明，人类在几千年前就已掌握混凝土制作技术，但这些贝壳石灰石浇筑得如此坚如磐石，以至很难将它们与花岗岩区别开来，实在使人难以相信。

戴维·杜维斯由此推测，当时古埃及人建造金字塔是采用"化整为零"的办法，即将搅拌好的混凝土装进筐子，抬上或背上正在建造中的金字塔。这样，只要掌握一定的技术，就能浇筑出一块一块的巨石，将塔一层一层加高，这种做法既"省力"又省工。据他估计，当时在工地上劳动的人仅有 1500 人，而不是像希罗多德所说的那样每批都有 10 万人。

更出乎意料之外的是，这位法国科学家还在石块中发现了一缕 1 英寸（约 2.54 厘米）长的人头发。这缕头发可能就是他们辛勤劳动和灿烂智慧的见证。

但上述这些说法都还是一些推测。

但无论如何，修建金字塔，一定是集中了当时古代埃及人的所有聪明才智，因为它需要解决的难题肯定是很多的。但是这些问题都解决了，金字塔修起来了，而且屹立了 4000 多年，这本身就是一大奇迹。所以，可以说，金字塔是古代埃及人民智慧的结晶，是古代埃及文明的象征。

有的人不相信依靠简单的协作也可以创造出奇迹，不相信地球上的人类自身会创造出金字塔这样的奇迹，把它说成是天外来客的创造。这显然是不正确的，这无助于人们探索自己的历史，认识自己的能力。

狮身人面像

这是一个流传得十分广远的古希腊神话故事：巨人堤丰和蛇妖厄喀德娜生了一个女儿，取名"司芬克斯"。司芬克斯是个带翼的狮身人面女妖，它的头部和胸部是女人形，而身体却是狮子形。她用人的声音说话，但又以人为食，残害了不少生灵，所以人们对她既恨又怕。

每天中午，司芬克斯都趴在城外的路边，看见有人路过，就拦住行人，令行人猜一个谜语："什么东西在早晨用 4 只脚走路，中午用 2 只脚走路，晚上用 3 只脚走路？"行人如果猜不中，就被她当作午餐吃掉。就这样，不知道有多少人葬身在女妖的腹中，其中还包括国王克瑞翁的儿子。人们都很害怕遇上这个妖怪，一时间，全国上下人心惶惶。

为了拯救百姓的生命，克瑞翁贴出了一张告示："谁要是能除掉这个妖魔，谁就是这个王国的国王。"不久，一位勇敢而聪明的年轻人自告奋勇地为民除害。他就是希腊的民族英雄俄狄浦斯。他来到城外，从容地走到司芬克斯面前，大声说道："这就是人！在生命的

狮身人面像很雄伟

早晨，人是软弱的婴儿，他要用两手两脚爬行走路，仿佛是 4 只脚；在生命的中午，人已长成为青壮年，他用 2 只脚走路；而到了生命的晚上，人进入老年，精力衰竭，体力不支，这时他拄着拐杖走路，就好像是 3 只脚。"话音刚落，司芬克斯大吼一声，立刻变成了一座狮身人面的雕像……

后来，这个传说越传越神。有人说，每当风沙弥漫、日影昏暗的时刻，远远地观望狮身人面像，就会看到雕像脸上有一种奇异的、捉摸不定的笑容。这笑容意味着什么呢？对此人们一直猜测纷纷、捉摸不透。不过，当地人一直把"司芬克斯的笑容"作为"表情神秘"的同义语。在世界不少地方，人们也都把难于解答的问题叫做"司芬克斯之谜"。

这座充满着谜团的狮身人面像就位于埃及吉萨地方的哈夫拉金字塔附近，至今已有四五千年的历史了。

公元前 2601 年，古埃及第四王朝法老哈夫拉在巡视了为自己建造的金字塔陵墓后仍不满意。他想利用采石工地上的一块巨石雕刻一尊石像，以使自己的形象永远保存在人间。当时，一位石匠投其所好地建议他把这块巨石雕刻成一头雄狮，而狮头换成他的头像，以象征法老的威严无比。哈夫拉听罢大喜，马上下令按照古代希腊、埃及和中东地区神话传说中的怪物司芬克斯的样子雕刻。

狮身人面像除了向前伸展的长达 15 米的前爪是用大石块镶砌的以外，其他部分都是以一整块巨大岩石雕成的。它面朝东方，长约 57 米，高 20

米，面宽 5 米，鼻子长 2 米，耳长 2 米，嘴长 2.3 米。它头戴皇冠，两耳侧有扇状的"奈姆斯"头巾下垂，前额装饰着据说能喷射毒液的"库伯拉"圣蛇浮雕，下腭挂着标志国王身份的长须，鼻梁高耸，面孔英俊，脖子上围着项圈，身体上扮饰着鹰的羽毛。石像两爪前伸，呈跃然跳起之势；饱经风霜的面庞略显微笑，却又不失威严。

许多年来，狮身人面像像一名忠诚的卫士一般匍匐在哈夫拉金字塔前，目视着旭日东升，默默无语地关注着人间的忧患沧桑。它自身也曾历尽诸多的磨难。长期的风吹日晒，使它早已失去了昔日的风采，其英俊的面孔也已变得满目疮痍、惨不忍睹了：长须不翼而飞，高鼻梁也塌陷了。更叫人痛心的是，1796 年 8 月，拿破仑远征埃及时，曾单独闯入金字塔墓穴，出来时憋闷得张口结舌、面色如纸。盛怒之下，他下令炮轰石像。霎时间，这座驰名世界的埃及国宝惨遭浩劫，伤痕累累。硝烟过后，人们发现司芬克斯的鼻子被打掉一大块，一部分王冠也被炸飞了。一只有那颗硕大的头颅，依然不屈地高昂着。

狮身人面像还曾多次被埋于莽莽黄沙之中，又多次被从沙土中挖掘出来。最后一次被完整地挖掘出来是 50 年前的事。在狮身人面像的两腿之间，至今还残存着一块《记梦碑》，记录着这样一段趣闻：大约在公元 1400 年，埃及王国年轻的托斯提王子狩猎到此，在石像旁小憩。睡意蒙眬中，他听到狮身人面像对他说："你将来会成为上下埃及的国王。在你登基以后，请来解救我，我虽人头在外，狮身却埋在沙子里，憋得我透不过气来，痛苦极了。"后来托斯提王子果真当上了国王。他下令将埋在沙子中的狮身人面像挖掘出来，并在石像周围筑起了防沙围墙。

近年来，狮身人面像的颈、胸由于风化不断地酥松剥落，明显"消瘦"了许多。每当清晨，游客们在石像附近散步时，常常听到石头爆裂的响声。为此，埃及和世界其他国家的考古学家都忧心如焚，他们积极采取措施，献计献策来"医治"石像，力求使其重现当年的风貌。

人类历史是一条永远流不尽的长河，随着岁月的流逝，那些被人类誉为世界七大奇迹的其他诸多建筑，大都已经荡然无存了。而作为埃及这个有着 7000 年文明史古国的象征的金字塔和狮身人面像，却依然巍然屹立在广袤无垠的大漠边缘，犹如苍穹中永不熄灭的星辰。

■ "空中花园" 巴比伦

巴比伦是一座令人神往的古城，它位于幼发拉底河和底格里斯河的交汇处。早在公元前 1830 年左右，阿摩利人就以巴比伦为都城，建立了古巴比伦王国。在古巴比伦国最出色的国王汉谟拉比死后，巴比伦不断受到外族的进攻，历经了 500 多年战乱，直到公元前 7 世纪末，才在尼布甲尼撒领导下，建立了新巴比伦王国。然而，88 年后，新巴比伦王国又被波斯人彻底毁灭。随着巴比伦王朝的覆灭，显赫一时的古城巴比伦，也日渐消失在荒草之中了。

在新巴比伦王国时期，巴比伦也是古代两河流域地区最壮丽最繁华的都城，巴比伦古城有内外两道城墙，城里最壮观的建筑物，就是尼布甲尼撒王宫和著名的"空中花园"，以及那座据说让上帝感到又惊又怒的巴别通天塔。

巴比伦空中花园轮廓

那么为什么把巴比伦城又叫做"冒犯上帝的城市呢"？这个说法来自《圣经·旧约》。

《圣经·旧约》上说，人类的祖先最初讲的是同一种语言。他们在底格里斯河和幼发拉底河之间，发现了一块非常肥沃的土地，于是就在那里定居下来，修起了城池。后来，他们的日子越过越好，决定修建一座可以通到天上去的高塔，这就是巴别塔。他们用砖和河泥作为建筑的材料。直到有一天，高高的塔顶已冲入云霄。上帝耶和华得知此事，立即从天国下凡视察。上帝一看，又惊又怒，认为这是人类虚荣心的象征。上帝心想，人们讲同样的语言，就能建起这样的巨塔，日后还有什么办不成的事情呢？于是，上帝决定让人世间的语言发生混乱，使人们互相言语不通。后来人们就把巴比伦叫做"冒犯上帝的城市"。

巴比伦城墙的厚度，可以让一辆 4 匹马拉的战车转身。长达 16 千米，每隔一段距离就有一座城楼。城墙的两端起于幼发拉底河畔。河对岸是巴比伦的新城区，一座大桥横跨幼发拉底河，使新城区跟主城连在一起。所以，这座城墙不仅是巴比伦人用来抵御敌人的主要屏障，而且也是一道保护巴比伦城不受河水泛滥之害的可靠堤防。巴比伦城有 100 座铜做的城门，因此希腊大诗人荷马又把巴比伦城称为"百门之都"。

巴比伦古城的大门叫典礼门，高 4 米多，宽 2 米左右。门的上部是拱形结构，两边和残存的城墙相连，门洞两边的墙上有黄、棕两色琉璃砖制成的雄狮、公牛等图像。这座城门建筑得十分牢固，公元前 568 年波斯人在摧毁巴比伦古城时，只有这座城门幸存下来。在千百年风雨剥蚀下，古城城墙已坍塌无存，唯独这座城门依然完好如初。

穿过城门是一条广阔大道，上面铺着灰色和粉红色石子，大道两旁的残墙上现在还留着清晰可见的雄狮、公牛等图像。尼布甲尼撒的王宫就在大道西边。被人们称为"世界七大奇迹"之一的"空中花园"，就在南宫的东北角。相传，它是尼布甲尼撒二世为让他的米底妻子赛米拉米斯公主，排忧解闷而兴建的，可惜它早已不存在了。

赫赫有名的巴别通天塔就耸立在大道的北面。巴别塔本是巴比伦古城里，一座供奉巴比伦人的主神马都克的神庙。塔的顶端是神殿。有一条石梯可以直通神殿，敬神时，穿着白色法衣的祭司在由乐器伴奏的合唱声中登上塔顶。这座巴别塔就是《圣经·旧约》里的巴别通天塔。"巴别"这个词是巴比伦文，意思是"神的大门"。由于它的读音跟古希伯莱语中的"混乱"一词相似，加上当时巴比伦城里的居民讲的远不止一种语言，《圣经·旧约》的作者也就很容易把"语言混乱"与上帝对建塔的惩罚相联系，编出上述的故事来了。巴比伦古城里最早的巴别通天塔，在公元前 689 年亚述国王辛赫那里布攻占巴比伦时就破坏了。新巴比伦王国建立后，尼布甲尼

人类文明史上伟大的创造

RENLEIWENMINGSHISHANGWEIDADECHUANGZAO

撒二世下令重建通天塔。他命令全国不分民族、不分地区都要派人来参加修塔。

尼布甲尼撒下令重建的巴别通天塔共有 7 层，总高 90 米，塔基的长度和宽度各为 91 米左右。在高耸入云塔顶上，还建有壮观的供奉马都克主神的神殿，塔的四周是仓库和祭司们的住房。在 5000 多年前，人们能建起这样一座如此巍峨雄伟的通天塔，实在是人世间的一大奇迹。遗憾的是，巴别塔如今剩下的仅仅是一块长满了野草的方形大地基的残迹了。

在波斯人彻底摧毁了巴比伦之后，人们对巴比伦通天塔仍然念念不忘。公元前 331 年，当亚历山大大帝占领已经荒芜的巴比伦后，他曾经想重建通天塔。但是，单单清除废塔的砖瓦就需要 1 万人工作 2 个月。最后他只好放弃了这个计划。

千百年过去了，不知有多少人一直想找到巴比伦城的遗址。

1899 年 3 月，一批德国考古学家，在今天巴格达南面 50 多千米的幼发拉底河畔，进行了持续 10 多年之久的大规模考古发掘工作，终于找到了已经失踪 2000 多年，由尼布甲尼撒二世在公元前 605 年改建后的巴比伦古城遗址。

考古学家们现在仍在巴比伦古城遗址上进行着发掘工作。许多宫殿、神庙、街道和住房已经渐渐露出地面。考古学家们正在和历史学家、艺术家们一起，根据发掘出来的文物，复制古城巴比伦大多数建筑物的原型，以便有朝一日能使这座人类宏伟的古城恢复旧观。

地下迷宫

在远古的时代，有位国王叫弥诺斯，他统治着爱琴海的一个岛屿克里特岛。弥诺斯的儿子在雅典的阿提刻被人阴谋杀害了。为了替儿子复仇，弥诺斯向雅典的人民挑战。在神的惩罚下，雅典正充满灾荒和瘟疫。在弥诺斯的挑战下，雅典人向弥诺斯王求和。弥诺斯要求他们每隔 9 年送 7 对童男童女到克里特岛。

弥诺斯在克里特岛建造一座有无数宫殿的迷宫，迷宫中道路曲折纵横，谁进去都别想出来。在迷宫的纵深处，弥诺斯养了一只人身牛头的野兽米诺牛。雅典每次送来的 7 对童男童女都是供奉给米诺牛吃的。

这一年，又是供奉童男童女的年头了。有童男童女的家长们都惶恐不安。雅典的国王爱琴的儿子忒修斯看到人们遭受这样的不幸而深深不安。他决心和童男童女们一起出发，并发誓要杀死米诺牛。

雅典民众在一片哭泣的悲哀声中，送别忒修斯在内的 7 对童男童女。忒修斯和父亲约定，如果杀死米诺牛，他在返航时就把船上的黑帆变成白帆。只要船上的黑帆变成白的，就证明爱琴国王能再见到自己的儿子忒修斯了。

忒修斯领着童男童女在克里特上岸了。他的英俊潇洒引起弥修斯国王的女儿、美丽聪明的阿里阿德涅公主的注意。公主向忒修斯表示了自己的爱慕之情，并偷偷和他相会。当她知道忒修斯的使命后，她送给他一把魔剑和一个线球，以免忒修斯受到米诺牛的伤害。

聪明而勇敢的忒修斯一进入迷宫，就将线球的一端拴在迷宫的入口处，然后放开线团，沿着曲折复杂的通道，向迷宫深处走去。最后，他终于找到了怪物米诺牛。他抓住米诺牛的角，用阿里阿德涅公主给的剑，奋力杀死米诺牛。然后，他带着童男童女，顺着线路走出了迷宫。

为了预防弥诺斯国王的追击，他们凿穿了海边所有克里特船的船底。阿里阿德涅公主帮助他们，并和他们一起逃出了克里特岛，起航回国。经过几天的航行，终于又看到祖国雅典了。忒修斯和他的伙伴兴奋异常，又唱又跳，但他忘了和父亲的约定，没有把黑帆改成白帆。翘首等待儿子归来的爱琴国王在海边等待儿子的归来，当他看到归来的船挂的仍是黑帆时，以为儿子已被米诺牛吃了，他悲痛欲绝，跳海自杀了。为了纪念爱琴国王，他跳入的那片海，从此就叫爱琴海。

1900 年，英国考古学家阿瑟·伊文思和他率领的考古队来到了地中海的克里特岛，他们想找出传说中有关迷宫的历史古迹。经过 3 年的艰苦发掘，他们终于在克里特岛的克诺萨斯发现了弥诺斯王宫的遗址和大量文物，找到了迷宫。迷宫坐落在克诺萨斯一座叫做凯夫拉山的缓坡上，占地面积有 22000 平方米，有大小宫室 1500 多间，周围曾经古木参天。迷宫由东宫和西宫，由国宝殿、王后寝宫、有宗教意义的双斧宫、楼房、贮藏室、仓库等组成。占地1400多平方米的长方形中央庭院把东宫和西宫联结为一个整体。位于高坡地位的西宫大部分宫室是三层建筑。这些华丽的建筑物之间，有长廊、门厅、通道和阶梯相连，真是千门万户，曲径通幽。这些建筑廊道迂回、宫室交替，一走进去特别难于找到出路，说它是迷宫，真是恰到好处。直到今天，人们仍用"迷宫"这个词比喻错综复杂，难以找到明确方向的东西呢。在迷宫的墙上，还有壁画。这些壁画历经3000多年，但刚出土时，还色泽鲜艳。墙上的壁画有斗牛戏的内容，这些也许和希腊神话中所说的南海迷宫和宫中饲养的吃童男童女的人头牛身怪物米诺牛的情节隐隐约约相符合。在宫殿的长廊中，有表现国王、贵族活动和集合的壁画。有一幅是塑造王国的，他戴的王冠是用百合花编成的，他脖子上戴着项圈，手上套着镯子，正在百花丛中散步。有的壁画中，男子们拿着金银器皿，女子们穿着镶白边的黑裙，体态婀娜，神情栩栩如生。

在迷宫中，还发现了2000多快泥板，上面刻着许多由线条构成的文字。在一些印章和器皿上也发现了一样的文字，后人学者称它为线形文字。一直到1953年，才有学者破译了这些线形文字的意思，原来它记载着王宫财物的账目，其中有国王向各地征收贡赋的情况，计算法是十进位。这些文字和古希腊使用的文字只有细微的不同，从中可以推算出也许克里特岛文化和希腊文化之间有密切的联系。

在迷宫的周围，还发现有豪华的住宅，里面居然有冷热水管俱全的浴室。在豪华住宅的旁边，有极为简陋的小屋和茅舍，这显然是穷人和奴隶居住的地方。

由于地下迷宫的发现，人们发现了公元前15世纪曾有过的灿烂文明，这一文明被后人誉为"克里特文化"。

亚历山大灯塔

公元前280年秋天的一个夜晚，月黑风高，一艘埃及的皇家喜船，在驶入亚历山大港时，触礁沉没了，船上的皇亲国戚及从欧洲娶来的新娘，全部葬身鱼腹。这一悲剧，震惊了埃及朝野上下。埃及国王托勒密二世下令在最大港口的入口处，修建导航灯塔。经过 40 年的努力，一座雄伟壮观的灯塔竖立在法洛斯岛的东端。它立于距岛岸 7 米处的石礁上，人们将它称为"亚历山大法洛斯灯塔"。

当亚历山大灯塔建成后，它以 122 米的高度当之无愧地成为当时世界上最高的建筑物。他的设计者是希腊的建筑师索斯查图斯。1500 年来，亚历山大灯塔一直在暗夜中为水手们指引进港的路线。一位阿拉伯旅行家在他的笔记中这样记载着："灯塔是建筑在三层台

亚历山大灯塔复原图

阶之上，在它的顶端，白天用一面镜子反射日光，晚上用火光引导船只。"

公元 14 世纪，亚历山大城发生了一场罕见的大地震，摇晃的大地以巨大的力量摧毁了这座古代世界的建筑奇迹。这座亚历山大城的忠诚卫士，这顶亚历山大城的王冠就这样消失了。又过了 1 个世纪，埃及国王玛姆路克苏丹为了抵抗外来侵略，保卫埃及及其海岸线，下令在灯塔原址上修建了一座城堡，并以他本人的名字命名。埃及独立之后，城堡改成了航海博物馆。1996 年 11 月，一组潜水员在地中海深处发现了据说是亚历山大灯塔的遗留物。

公元 700 年，亚历山大发生地震，灯室和波西顿立像塌毁。关于此事，传说东罗马帝国一位皇帝企图攻打亚历山大，但惧于其船队被灯塔照见，于是派人向倭马亚王朝的哈里发进言，谎称塔底藏有亚历山大大帝的遗物和珍宝。哈里发中计下令拆塔，但在黎民百姓的强烈反对下，拆到灯室时便停止。880 年，灯塔修复。1100 年，灯塔再次遭强烈地震的洗劫，仅残存下面第一部分，灯塔失去往日的作用，成了一座瞭望台，在台上修建了一座清真寺。1301 年和 1435 年的两次地震，塔全部毁掉了。

阿耳忒弥斯神殿

阿耳忒弥斯神殿是古希腊最大的神殿之一，其规模超过了雅典卫城的帕台农神庙，也是最早的完全用大理石兴建的建筑之一。它以建筑风格的壮丽辉煌和规模巨大而跻身于"古代世界七大奇迹"之列。它还一度享有对逃亡者的"庇护权"，其地位之显赫，由此可见一斑。在建成后的近200年时间里，它巍然屹立在以弗所东北郊的一座高山之上，迎接着摩肩接踵前来朝觐的人们，它很快成为爱琴海诸岛和小亚细亚西海岸希腊移民城邦的香客们向往的圣殿。

但不幸的是，公元前356年7月21日的深夜，这座壮丽的神殿在一场大火中变成了废墟。据说这场火灾是一个名叫希罗斯特图斯的纵火狂所为，这个家伙长期以来寂寂无为，急于想通过实施一项能引起轰动效应的举动使自己万古留名。他非常清楚，能够让人青史留名的好事不是谁都能做，那就干点坏事也成。于是，火光中，神殿坍塌了。

阿耳忒弥斯神殿遗址

这里说句题外话，传说就在那天晚上，一个不平凡的生命降生了，这个人后来在这个世界上建立了惊天动地的霸业，他就是马其顿国王亚历山大大帝。后来，一位名叫普卢塔克的历史学家在他的著作中写道：女神"太忙于照料亚历山大的出生了，以至于无法营救自己受到威胁的神殿"。

这座神殿在人们心中的地位实在太重要了，没有了它，人们的灵魂也仿佛无所归属。后来，人们又在神殿的原址上按原样重新建起了一座神殿，比原来的神殿更加富丽堂皇，成为当时世界上最大的大理石建筑，其占地面积达到了6050平方米，比一个足球场还要大。神殿内外都用铜、银、黄金和象牙制成的精美浮雕加以装饰，而神殿中央则设有一个呈"U"形的祭坛，供奉着阿耳忒弥斯女神的雕像。这座重建的神殿在此后连绵不断的战火中傲然挺立，直到公元262年哥特人入侵时遭逢了厄运，那帮强盗将神殿内的财宝悉数劫走，神殿也在这次劫掠中惨遭破坏。

重建之前的阿耳忒弥斯神殿其规模已是相当宏大，底部最上层台阶长约100米，宽约55米，神殿3面环绕着2排共计127根巨大的圆柱，每根高达18米，它们支撑着上面巨大的屋顶。神殿重建的时候，其高度还略有增加，同时在底座平台的四周还增建了数级阶梯。神殿中心的神龛上部没有加盖屋顶，这样人们在神殿内也可以仰望蓝天，他们的心愿和灵魂也可以从这里直达天堂，与神同在。神殿正门入口处立着36根刻有装饰性浮雕的柱子，这些柱子上刻有40~48道浅凹槽。神殿四周的柱子上也环绕着1条装饰雕刻的中楣，同时还有狮头形状的喷水器。屋顶的三角楣饰也相当精美，具有很高的艺术价值。两根柱子之间的跨距通常超过了6.5米，而神殿中长于8米的石块也随处可见。所有这些，无论从建筑的设计还是工程技术上讲都具有相当大的难度，这座神殿称得上是当时最高水准的建筑精品。

从风格上看，阿耳忒弥斯神殿属于柱式建筑，柱式建筑发源于古希腊，爱奥尼和多立克两种柱式代表着古希腊建筑最成熟的风格。18世纪德国艺术史家温克尔曼在谈到希腊艺术杰作的普遍优点时曾经说，它"在于高贵的单纯和静穆的伟大"。而柱式建筑确实最能体现这一优点。阿耳忒弥斯神殿也属此类建筑，具有柱式建筑的基本特性。

那么，在当时的技术条件下神殿建造者是如何将那些巨大的石块抬起并放置到预定位置上的？

事实上，早在公元前515年，希腊建筑师就已经在建筑工程中大量使用起重设备了，但在阿耳忒弥斯神殿的建造过程中这些起重设备却毫无用处，因为这座建筑的规模是前所未有的，它所使用的石块体积和重量都远远超过了以往任何一座大型建筑，这使建筑师受到了前所未有的挑战。这里有一则记载中的故事可为佐证。神殿最早的建筑师伽尔瑟夫农在接手这项工作后一直是信心十足，他夸口说他要建造一座流芳千古的伟大建筑，但当工程进展到要将入口处的大门楣抬起到设计高度的时候，他才发现他所有的经验和设备都不足以完成这项工作。他必须在最短的时间内想出一套行之有效的办法来解决这一问题，否则工程无法推进。据说，伽尔瑟夫农为此数日寝食难安，彻夜不眠，却依然一筹莫展，精神几近崩溃，甚至到了想要自杀的地步。

但不久之后，一个灵感在他就要结束自己生命的时候从他脑海中一闪而过，救了他一命。聪明的伽尔瑟夫农尝试着用沙袋垒起一道斜坡，使其达到比石块将要安放的预定位置略高的地方，然后将巨大的石块顺斜坡向上拉牵，当石块被拉上坡道，到达适当位置之后，就将底层的沙袋逐渐掏空，这样，斜坡将作为一个整体缓慢下降，放置在斜坡之上的石块也同时随着斜坡的下降而下降，直到石块准确地安放到需要安放的位置上。这和埃及人筑造金字塔时使用的起重方法十分相似。

伽尔瑟夫农实在是一个了不起的人物，他不仅是一位出色的建筑师，还是一位天才的发明家。他灵机一动，又一个十分棘手的问题迎刃而解了——工程所需石材需要从11千米外的采石场搬运过来，而那些石材一般重量都在40吨左右，如此长距离的运输，光靠人力和通常使用的运货马车是根本无法完成的。这还不光是马车运载能力有限的问题，事实上，普通的马车根本就无法承受如此巨大的重量，那些巨石刚一放上去马车就立即散了架。这时，伽尔瑟夫农的新办法显示了他超凡的智能，他将开采出来的圆形石柱固定在两个近似于轮子的圆形木架的中轴上，在畜力或人力的牵引之下两个圆形木架会像两个超大的滚轮一样地转动，这样就可以很轻易地将那些巨大的石块搬运到施工现场了。后来，伽尔瑟夫农的儿子梅塔杰尼斯又对其进行了进一步的改造，使父亲的这个聪明的办法更加完善。梅塔杰尼斯将一根开采出来的长条石块的两端装进巨大的木轮中央，使长条石块直接充当两个木轮之间的中轴，这样，不仅圆形石柱，就是方形横梁也可以用同样的方法进行搬运了。

重建这座巨大神殿所耗用的时间现在我们已经无可稽考，但它遭逢厄运的时间我们却大抵清楚。公元262年，哥特人的悍然入侵使神殿遭到了严重的破坏。后来，以弗所人曾试图再次重建神殿，但由于耗资巨大而难以实施，重建计划无奈搁浅。

然而，公元4世纪，基督教在小亚细亚的落地生根使这一愿望最终化为了泡影。基督教强大的势力逐渐改变了人们的信仰，后来以弗所人也大多改信基督教了，神庙的重建自然变得不合时宜。公元5世纪初叶，以弗所为东罗马帝国所占领，奥德修斯二世将神殿视为异教徒的聚集场所，下令彻底拆毁。从此，这座伟大的建筑奇迹便从世界上永远地消失了。今天，我们只能从作为文物的以弗所人的钱币上看到这座神殿大致的模样。

宙斯神殿

宙斯神殿是希腊的宗教中心，由城邦和平民送来的祭品种类很多。几百年来，一直在露天神坛叩拜宙斯。神坛据说是用献给宙斯的各种祭品的灰烬造的。宙斯神殿建于公元前470年，公元前5世纪由当地建筑师伊利斯人李班监建一座宏伟的庙宇，作为宙斯神殿，并于公元前456年完成。庙前庙后的石像都是用派洛斯岛的大理石雕成，宙斯神像则由雕刻家菲迪亚斯负责。

宙斯神殿遗址

庙内西边"人"字形檐饰上的很多雕像，十足是雅典的风格。当时是为了神殿需要雅典式的雕像，抑或由于菲迪亚斯的声誉远播，建筑庙宇的人特别请他到奥林匹亚担任雕刻工作，现在无从查考。

有一说法是，菲迪亚斯在雕塑巴特农神殿的阿西娜巨像时，被指控盗用宝贵材料，遭受贬黜，离开故乡雅典过放逐生活，终老奥林匹亚。这说法唯一可信之处就是菲迪亚斯与当时名政治家培理克里斯是朋友，对他的名誉采取的任何打击行动，都会对培里克里斯有不利的影响，所以菲迪亚斯开始逃亡。

在奥林匹亚所进行的现代发掘工作，最早的一次是在 1829 年由法国考察队主持，历时 6 星期。使近代人士对奥林匹亚有更多了解的，则是德国的考察队。他们从 1875 年开始，差不多一直没有间断地发掘，虽然找出了宙斯神殿以及装饰用的雕像，并且局部恢复了宙斯神殿原来的形状，但始终没有发现宙斯神像本身的踪迹。然而，在 1954 ~ 1958 年间，考古学家进行一连串令人兴奋的发掘工作，在距离宙斯神殿不远的地方，挖出菲迪亚斯工作地方的遗址，形状大小与神殿的主室相同。菲迪亚斯可以在这种类似神殿的环境中，雕塑宙斯像而不致妨碍神殿的工作。菲迪亚斯必定在雅典挑选了一批工作人手，带到奥林匹亚。在他的工场遗址上发现很多公元前 435 年制造的雅典陶器（菲迪亚斯完成宙斯像后，于公元前 432 年去世），还有象牙、玻璃、金匠工具，以及赤陶模型的碎片，看来是供制造神像部分衣饰之用。出土的陶器当中，有一个残破不全的杯子，杯子有刻工精细的文字："我属于菲迪亚斯"。

神像昂然地接受人们崇拜达 900 多年，但最后基督教结束一切。公元 393 年，罗马皇帝都路一世，毅然颁发禁止竞技的敕令，古代奥林匹克竞技大会也是在这一年终止。接着，公元 426 年，又颁发了异教神庙破坏令，于是宙斯神像就遭到破坏，菲迪斯亚的工作室亦被改为教堂，古希腊从此灰飞烟灭；神庙内倾颓的石柱更在公元 522 年及 551 年的地震中震垮，石材被拆，改建成抵御外族侵略的堡垒，随后奥林匹亚地区经常发生洪水泛滥，整个城市埋没在很厚的淤泥下。所幸的是，神像在这之前已被运往君士坦丁堡（现称伊斯坦堡），被路易西收藏于宫殿内达 60 年之久，可惜最后亦毁于城市暴动中。

摩索拉斯王陵

摩索拉斯王陵坐落于小亚细亚西南部哈利卡纳素斯（今土耳其），市中心的大广场。埋于陵墓内的人，是公元前 4 世纪中叶波斯帝国属地卡里亚的总督摩索拉斯。

关于摩索拉斯王，人们对他的了解，仅止于他精力充沛，喜好战争，曾经征服罗德斯岛，短短时间就成为邦国的领主。

陵墓共分4层，基坛为6阶，以希腊运来的白色大理石建造，底部为长方形，面积是40米×30米，高45米，其中建筑物被高20米墩座墙围住，四周的放着骑在背上的战士雕像，墩座上方，排列着36根高12米以爱奥尼式建造的金白色大理石圆柱，在圆柱与圆柱间，以男神和女神的立像装饰，

摩索拉斯王陵效果图

圆柱的上方，放着台轮；上方是极其倾斜高7米的金字塔，塔顶以镀金的青铜驷马二轮战车装饰；而墓内矗立着毛索罗斯王和阿尔特米亚女王的大理石雕像。

据说所有雕塑均由4名著名的雕刻家伯亚克西斯、李奥查理斯、史卡帕斯和提莫西亚斯分别负责陵墓的一边。古代作家常说摩索拉斯王陵，像银白云团高悬城市上空。

摩索拉斯王陵与阿尔特米斯月神庙不同，虽然建造历造高达1500年以上，仍旧傲然屹立在世。直至15世纪初，十字军认为哈利卡纳素斯是一个重要战略位置，决定建造巨大的圣彼德要塞，而建造要塞的材料就是陵墓的石材；他们将所有陵墓内外装饰嵌入要塞的城墙内，令整个陵墓几乎不留痕迹。

1859年，英国考古学家查理士·牛顿爵士对著名的毛索罗斯王陵墓展开发掘，并将幸存的石狮雕像、圆柱及人像的碎片存放在英国伦敦的大英博物馆特别室内。

罗德岛太阳神巨像

罗德岛太阳神巨像位于爱琴海东南部的罗德岛上。古典学者表示，类似巨像的雕像大多是竖立在神庙旁，但罗德岛的太阳神庙位于城中央山丘上，庙旁没有任何巨像影迹，却发现一道重要线索，巨像时代的巨大城墙从城镇一直延伸到港口，证明罗德斯港大半是人工建造的，也表示巨像可能就在全新港口城墙的尾端。

罗德岛太阳神巨像铸造于公元前302年，是为了纪念公元前305年发生的一场战争。公元前305年亚历山大国王继承人之一安琪柯的儿子米特里·波里奥克特企图谋取霸权，进攻罗德岛，罗德人民英勇奋战，打败侵略者取得了战争的胜利。为了纪念这次保卫战的胜利，罗德人用缴获的青铜武器12.5吨熔化后，历时12年之久，铸造了这尊高达32米的太阳神赫利俄斯巨像。这一艺术造型是罗德雕刻艺术的珍品。令人遗憾的是于公元前224年毁于一场地震。

长久以来，有关巨神像的模样众说纷纭，一般人都相信它是两脚分开、手持火把，站立于罗德岛港口的入口处，船只由其胯下经过。然而，研究显示以港口的阔度和巨像的高度来计算，这种结构不合常理，因为巨像跨越港口入口必须要1/4千米高才能办到，不论以金属或石块来建造，跨立的巨像绝对无法承受巨大张力和冬季强风，而且倾倒后巨像的遗迹亦会阻碍着港口，所以估计真实的巨像应该立于港口东面或更内陆的地方。至于姿势根本不知道，到底站立？坐下？或是驾着马车？至今仍无人知晓。

古希腊在历史上大部分时间中都是由各个城邦制的国家组成的，这些城邦国家在国界之外只拥有很有限的权利。在小小的罗得斯岛上就有3个城邦。在公元前408年，这3个城邦联合成了1个区域，并有统一的首都——罗德。这座都城商业发达，并和它的重要盟友、埃及的托勒密一世存在着很牢固的经济联系。公元前305年，托勒密一世的对手、马其顿王国安提柯一世，为了打破罗德－埃及联盟包围了罗得斯岛。但他们从未能攻入这座城市。公元前304年达成和约时，安提柯一世撤除对罗得斯岛包围，而且舍弃了巨额的军事设备。罗德斯人为了颂扬他们团结一致的精神，把这些军事设备变卖后，用所得的钱建造了他们的太阳神赫利俄斯的巨大雕像。建造这座巨像花了12年的时间，于公元前282年完工。巨像在港口矗立了许多年，直到公元前226年一次强烈的地震突袭了罗得斯岛，城市遭到严重的破坏，巨像也从它最不牢固的地方——膝盖处断裂开了。罗得斯岛人得到了埃及托勒密三世及时的援助，这笔援款足够应付修缮这座倾倒的纪念碑所需的全部花费。但是，一纸神谕却阻止巨像的重建。而托勒密的援助也被谢绝了。

在近1000年时间中，残破的雕像一直倒在废墟中。公元654年时，阿拉伯人入侵罗德斯岛。他们拆分了残存下的太阳神巨像，并把它们卖给从叙利亚来的一名犹太人。据说为了运输这些残片到叙利亚，不得不动用了900头骆驼。尽管我们不知道巨像的真实形状和外观，但现代重建的雕塑笔直地矗立着，比那些古代绘画更精确地再现了雕塑的原貌。尽管巨像已经不在，但这个古代世界奇观却激发了现代艺术家们的灵感，譬如以建造著名的"自由女神像"而闻名于世的法国雕塑家奥古斯都·巴托尔迪。罗得斯岛的多利安人民谨以此高耸入云的铜像献给太阳神，以纪念他们平息了战争的狂涛并用从敌人手中夺来的战利品荣耀了他们的城市。他们不仅在海上而且在陆地上，点亮了自由的火炬。从太阳神巨像的建立到毁坏只有短促的56年时间。然而这座巨像却在著名的世界七大奇观的名单里赢得了一席之位。老莆林尼说过："但是即便在它倒塌在地时，仍不失是为一个奇观。"罗得斯岛的太阳神巨像不仅仅是一座巨大的雕像，更是居住在美丽的地中海岛屿——罗得斯岛上的人民团结的象征。

■ 葬身火山下的庞贝古城

在意大利那不勒斯附近的维苏威火山脚下，有座著名的古罗马城市庞贝。它始建于公元前8世纪，曾拥有2.5万人口，后来成为古罗马帝国的重要行政中心。庞贝城之所以闻名于世，是因为它曾被突然喷发的维苏威火山的灰尘埋在地下达十几个世纪，从而成为一座真正的死城。

维苏威火山是世界上最活跃的火山之一，海拔 1280 米，位于庞贝城西北 23 千米处。公元 63 年，维苏威火山开始不安分起来，连续喷发多次。在公元 79 年，终于酿成了一场毁灭性的灾难。8 月 24 日下午 1 时左右，庞贝城的居民看到维苏威火山上空突然升起一朵松树状的怪云。它慢慢地向城中飘来，

庞贝古城遗址

而且越来越大，越来越黑。"火山爆发了！"有人惊呼道。瞬间，随着一声地动山摇般的巨响，火山熔岩夹杂着碎石、烟灰和水蒸气一齐喷上了天空，遮天蔽日。庞贝城也顿时变得漆黑一片。城内的人们慌不择路地逃离家园。2 天以后，天空渐渐晴朗起来。人们以为火山喷发已经结束了，就纷纷扶老携幼地返回城中。恰在这时，第二次更大规模的喷发开始了。伴随着一阵阵震耳欲聋的轰轰巨响，熔化的岩浆呼啸着喷射到几千米高的空中，又铺天盖地地砸落下来。待到火熄烟灭一切恢复平静以后，整个庞贝城连同城内的所有生灵，统统被埋葬于 25 米厚的熔岩浆和火山灰下面了。顷刻，这座充满了生机的城市就在地球上彻底消失了。

日月如梭。1600 多年的时光很快便流逝过去，人们也已经渐渐把庞贝城遗忘了。研究历史的学者只是在查阅罗马古书时，才知道还有个庞贝古城；但它的遗址究竟在哪里，却一直无从知晓。1713 年，维苏威山麓的居民掘井时。在一个 6 米深的地方挖到古城中赫库兰尼姆剧院的圆屋顶。1748 年，又有人在离剧院不远的地方挖出一块刻有"庞贝"字样的石块。直到这时，消失日久的古城才重新回到人们的记忆之中。随之而来的便是掠夺者们近乎疯狂的洗劫。许多具有珍贵历史价值的文物从此流失了。1860 年，

当地政府把古城保护起来，进行有组织的大规模挖掘行动。清除掉约60万立方米的火山灰和砾石后，在地下沉睡了千年的庞贝古城终于重见了天日。

经历了尘封土埋的漫长岁月以后，庞贝城已经变成一座地地道道的"化石城"。它建筑在一个面积约63公顷的椭圆形台地上，东西长1200米，南北宽700米，周长3.8千米。城墙用石头砌成，有7座城门和14座城塔。城内有4条交叉成"井"字形的主要街道，将全城分成9个区。街道用石板铺筑，街石的上面留下2道深深的车辙印，显示了庞贝城当年的繁华。主街宽约7米，两旁建有人行道。人行道上，每隔一步就埋着一块高出路面的石头。这是为了方便雨天时行人走路用的。在每个较大街道的十字路口，都安装着一个半人高、带有雕像的石制水池，它们连接着一条长长的用砖石砌成的渡槽，把城外山顶上的泉水引进城来，供居民饮用。

古城中有3座公共浴池。令人惊奇的是，1900多年前的庞贝人已经懂得了在公共浴池中使用统一集中的锅炉烧水，再把水分送到男女浴室。浴室的天花板砌成圆拱形，使室内水蒸气上升到天花板后凝结成水滴，然后顺着圆拱顶缓缓漉下，淌入墙壁上专门挖出的一条小水槽中，而不致滴到浴客们的身上。更令人惊叹的是，浴室的石砌拱顶居然承受住了熔岩的巨大压力，没有坍塌，这足见当时建筑设计水平之高超。

在古城的西南有个面积约1.5万平方米的中心广场。它3面围着一圈整齐而精美的柱廊，柱高10余米，粗为2人合抱。广场四周有政府机构、法庭、太阳神庙、女神庙及市场。显然这是全城的政治、宗教和经济中心。但这些建筑早在公元63年时，就已经被地震毁坏，还没来得及修复就被火山灰吞噬了。

城中靠近山边的地方分别有可容纳5000名观众和1500名观众的大、小2座剧场。城东还有1个椭圆形的角斗场，场内四周设有环形的观众席，规模很大，大约能容纳下全城的人。角斗场中心较低处为比武台，它建于公元前70年，比古罗马角斗场还要早40年。

庞贝城的手工业和商业也相当发达，各种手工作坊鳞次栉比，十分兴盛，其中尤以羊毛纺织和印染坊最多。商店、酒店、客栈遍布于大街

人类文明史上伟大的创造

RENLEIWENMINGSHISHANGWEIDADECHUANGZAO

小巷。商品琳琅满目，生意异常兴隆。在一家小酒店的遗址上，火山喷发那天老板记账的营业额和一些顾客赊欠的钱款数还依稀可辨；一个药店的柜台上，一盒药丸早已变成了碎末，旁边还有一根药剂师搓药丸时来不及收起来的小圆药条；一个面包房的烤炉中，还有一块印有面包商名字的烤熟的面包……这些场景成了庞贝城末日瞬间凝固于历史长河中的实证。

考古学家们为了弄清古城中罹难者蒙难时的情况，特地将挖掘出来的死者遗骸表面所形成的一层火山灰石硬壳清理下来，再向空壳中灌注石膏。于是，那沉重的历史一幕再现世界上历史悠久的古城为数不少，但由于长年的风雨侵蚀和人为破坏，完整保存下来的并不多。正因为这样，庞贝古城就显得弥足珍贵了。维苏威火山虽然凶残地吞噬了它，葬送掉那里无数的生命，但却把公元前 1 世纪古罗马的城市风貌几乎原封不动地保存至今，为后人了解古罗马社会生活提供了极其珍贵而完整的第一手文物资料，成为世界上一座丰富多彩的城市博物馆。这正是庞贝古城独特的历史价值所在之处。从这个意义上讲，古城的存在也是人类的幸事。正如一位历史学家所说的那样："庞贝城在维苏威火山爆发时死去，也从那时凝结起来，进入了永恒的不朽。"

庞贝城悠久的历史早已成为过去，它那美好而又充满着希望的现在和未来正向人们全面地展现着新的风采。如今城中的居民已经多达 1.5 万余人，那里每天还要接待 2 万多位慕名前去参观的世界各地游客，成为闻名遐迩的旅游胜地。人们又可以像当年一样漫步在城中宽敞平坦的大街上，尽情领略古城的迷人风光了。

■ 万里长城

长城是我国古代劳动人民创造的伟大的奇迹，是中国悠久历史的见证。它与天安门、兵马俑一起被世人视为中国的象征。因长度逾万里，故又称作"万里长城"。据记载，秦始皇使用了近百万劳动力修筑长城，占全国人口的 1/20。当时没有任何机械，全部劳动都得靠人力，而工作环境又是崇山峻岭、峭壁深壑，十分艰难。春秋战国时期，诸侯各国为了防御别国入侵，修筑烽火台，用城墙连接起来，形成最早的长城。以后历代君王大都加固增修。长城东起辽宁丹东虎山，西至甘肃嘉峪关，从东向西行经 10 个省份。长城的总长度为 8851.8 千米，其中人工墙体长度为 6259.6 千米，壕堑和天然形成长度为 2592.2 千米。

"因地形，用险制塞"是修筑长城的一条重要经验，在秦始皇的时候已经把它肯定下来，司马迁把它写入《史记》之中。以后每一个朝代修筑长城都是按照这一原则进行的。凡是修筑关城隘口都是选择在两山峡谷之间，或是河流转折之处，或是平川往来必经之地，这样既能

万里长城是我国古代劳动人民智慧的结晶

控制险要，又可节约人力和材料，以达"一夫当关，万夫莫开"的效果。修筑城堡或烽火台也是选择在险要之处。至于修筑城墙，更是充分地利用地形，如像居庸关、八达岭的长城都是沿着山岭的脊背修筑，有的地段从城墙外侧看去非常险峻，内侧则甚是平缓，有"易守难攻"的效果。在辽宁境内，明代辽东镇的长城有一种叫山险墙或劈山墙的，就是利用悬崖陡壁，稍微把崖壁劈削一下就成为长城了。还有一些地方完全利用危崖绝壁、江河湖泊作为天然屏障，真可以说是巧夺天工。长城，作为一项伟大的工程，成为中华民族的一份宝贵遗产。

2001 年 6 月 25 日，长城作为春秋至明时期古建筑，被国务院批准列入第五批全国重点文物保护单位名单。

亚历山大港

亚历山大港是埃及在地中海岸的一个港口，也是埃及最重要的海港，是埃及的第二大城市和亚历山大港省的省会。其地理位置是北纬 31°12′，东经 29°15′，距离开罗西北 208 千米。尼罗河多支的、现已干枯的入海口位于亚历山大港东 19 千米处，古城卡诺珀斯的遗迹就在那里。亚历山大港现有约 334 万名居民。其港口性质为湾颈河口，设有自由工业区。

亚历山大港始建于公元前 332 年，是按其奠基人亚历山大大帝命名的，作为当时马其顿帝国埃及行省的总督所在地。亚历山大大帝死后，埃及总督托勒密在这里建立了托勒密王朝，加冕为托勒密一世（救星）。亚历山大成为埃及王国的首都，并很快就成为古希腊文化中最

亚历山大港遗址

大的城市，在西方古代史中其规模和财富仅次于罗马。但埃及的伊斯兰教统治者在奠定了开罗为埃及的新首都后，亚历山大港的地位不断下降。在奥斯曼帝国末期，它几乎已沦为一个小渔村。

亚历山大港是古代欧洲与东方贸易的中心和文化交流的枢纽。第二次世界大战后发展迅速，现为著名的棉花市场，也是埃及重要的纺织工业基地。此外，造船、化肥、炼油等工业亦很发达。该港还有古代世界七大奇迹之一的法罗斯灯塔（亚历山大灯塔），吸引着各地游客前来观赏。港口的国际机场有定期航班飞往世界各地。

人类文明史上伟大的创造

RENLEIWENMINGSHISHANGWEIDADECHUANGZAO

该港属亚热带地中海式气候，年平均气温最高 7 月约 26℃，最低 1 月约 12℃。春、秋常有沙暴，可持续数小时至 5 天。冬季清晨常有雾。全年平均降雨量约 300 毫米。

亚历山大港分东、西港，港外有 2 道防波堤和狭长的法罗斯岛作屏障。西港为深水良港，全港面积达 6 平方千米以上。港区主要码头有 60 个，岸线长 10143 米。最大水深为 10.6 米。包括煤炭、粮食、木材及石油等专用码头。装卸设备有各种岸吊、浮吊、抓斗吊、集装箱龙门吊、运输车及拖船等，其中浮吊最大起重能力达 200 吨，拖船最大功率为 880 千瓦。港区仓库的容量有 3 万吨。码头最大可靠 4 万载重吨的船舶。装卸效率：铁矿石每小时 1000 吨，煤炭每小时 900 吨。大船锚地在外港区，最大水深达 19.8 米。本港自由工业区始建于 1974 年，面积达 600 万平方千米。1992 年集装箱吞吐量为 23.6 万吨，年货物吞吐能力约 3000 万吨。主要出口货物为棉花、矿石、水果、糖浆、盐、纺织品、粮谷、轮船、棉纱、黏土及农产品等，进口货物主要有钢铁、汽车、茶叶、咖啡、木材、轻重型机械、烟草及工业品等。埃及每年有 80%~90% 的外贸货物都经本港中转。

亚历山大著名的文化遗迹有亚历山大 - 法罗岛灯塔和亚历山大图书馆等。前者是世界七大奇迹之一，但毁于地震。后者是托勒密王室的王家图书馆，克里奥帕特拉七世时期曾毁于大火，罗马王朝时期重建。公元 391 年，罗马帝国驻埃及的阿非罗主教下令烧毁亚历山大图书馆的藏书。这标志着埃及的古典文化时期结束，也是欧洲中世纪文化时期开始的标志。

▌都江堰

都江堰是中国战国时期秦国蜀郡太守李冰及其子率众修建的一座大型水利工程，是全世界至今为止，年代最久、唯一留存、以无坝引水为特征的宏大水利工程。2200 多年来，至今仍发挥巨大效益，李冰治水，功在当代，利在千秋，不愧为文明世界的伟大杰作，造福人民的伟大水利工程。

成都平原能够如此富饶，被人们称为"天府"乐土，从根本上说，是李冰创建都江堰的结果。所以《史记》说："都江堰建成，使成都平原水旱从人，不知饥馑，时无荒年，天下谓之'天府'也"。

都江堰坐落于四川省成都市城西，位于成都平原西部的岷江上。都江堰水利工程建于公元前256年。属全国重点文物保护单位。都江堰附近景色秀丽，文物古迹众多，主要有伏龙观、二王庙、安澜索桥、玉垒关、离堆公园、玉垒山公园、玉女峰、南桥、灵岩寺、翠月湖、都江堰水利工程等。

都江堰水利工程由创建时的鱼嘴分水堤、飞沙堰溢洪道、宝瓶口引水口三大主体工程和百丈堤、人字堤等附属工程构成，科学地解决了江水自动分流、自动排沙、控制进水流量等问题，消除了水患，使川西平原成为"水旱从人"的"天府之国"。2000多年来，一直发挥着防洪灌溉作用。

鱼嘴修建在江心的分水堤坝，把汹涌的岷江分隔成外江和内江，外江排洪，内江引水灌溉。飞沙堰起泄洪、排沙和调节水量的作用。宝瓶口控制进水流量，因口的形状如瓶颈，故称。内江水经过宝瓶口流入川西平原灌溉农田。从玉垒山截断的山丘部分，称为"离堆"。

都江堰水利工程充分利用当地西北高、东南低的地理条件，根据江河出山口处特殊的地形、水脉、水势，乘势利导，无坝引水，自流灌溉，使堤防、分水、泄洪、排沙、控流相互依存，共为体系，保证了防洪、灌溉、水运和社会用水综合效益的充分发挥。都江堰建成后，成都平原沃野千里，四川的经济文化有很大发展。其最伟大之处是建堰2000多年来经久不衰，而且发挥着愈来愈大的效益。都江堰的创建，以不破坏自然资源，充分利用自然资源为人类服务为前提，变害为利，使人、地、水三者高度协调统一。

都江堰工程至今犹存，仍发挥着工作。随着科学技术的发展和灌区范围的扩大，从1936年开始，逐步改用混凝土浆砌卵石技术对渠首工程进行维修、加固，增加了部分水利设施，古堰的工程布局和"深淘滩、低作堰"，"乘势利导、因时制宜"，"遇湾截角、逢正抽心"等治水方略没有改变，都江堰水利工程成为世界最佳水资源利用的典范。水利专家仔细观看了整个工程的设计后，都对它的高度的科学水平惊叹不止。比如飞沙堰的设计就是很好地运用了回旋流的理论。这个堰，平时可以引水灌溉，洪水时则可以排水入外江，而且还有排沙石的作用，有时很大的石块也可以从堰上滚走。当时没有水泥，这么大的工程都是就地取材，用竹笼装卵石作堰，费用较省，效果显著。

都江堰不仅是举世闻名的中国古代水利工程，也是著名的风景名胜区。1982年，都江堰作为四川青城山—都江堰风景名胜区的重要组成部分，被国务院批准列入第一批国家级风景名胜区名单。2007年5月8日，成都市青城山—都江堰旅游景区经国家旅游局正式批准为国家5A级旅游景区。

根据联合国《保护世界文化和自然遗产公约》第一条第二款有关文化遗产定义的规定："建筑物：从历史、艺术或科学角度看在建筑式样、分布均匀或与环境景色结合方面具有突出的普遍意义价值的单体或连接的建筑群"。都江堰水利工程以历史悠久、规模宏大、布局合理、运行科学，与环境和谐结合，在历史和科学方面具有突出的普遍价值，在2000年联合国世界遗产委员会第24届大会上，都江堰被确定为世界文化遗产。

▌京杭大运河

京杭大运河是世界上开凿最早、里程最长、工程最大的运河。北起北京（涿郡），南到杭州（余杭），全长1764千米。京杭运河对中国南北地区之间的经济、文化发展与交流，特别是对沿线地区工农业经济的发展和城镇的兴起均起了巨大作用。京杭大运河也是最古老的运河之一。它和万里长城并称为我国古代的两项伟大工程，闻名于全世界。

大运河流经北京、河北、天津、山东、江苏、浙江6个省市，沟通了海河、黄河、淮河、长江、钱塘江5大水系。在漫长的岁月里，主要经历3次较大的兴修过程。

京杭大运可是由人工河道和部分河流、湖泊共同组成的，全程可分为 7 段：①通惠河；②北运河；③南运河；④鲁运河；⑤中运河；⑥里运河；⑦江南运河。京杭大运可作为南北的交通大动脉，历史上曾起过巨大作用。运河的通航，促进了沿岸城市的迅速发展。

清朝末年，自京汉、津浦等铁路修建以后，清朝政府不关心运河的命运，任其荒废。运河河道越来越窄，最窄处不足 10 米，运输能力大减，不少河段不能通航。山东境内的部分河段已淤成平地；即使水量较大，通航条件较好的江苏省内河段，也只能通行小木帆船。

京杭大运河航拍图

新中国成立后，制定了改造大运河的计划，对运河很多区段进行了疏浚、扩展，沿河建设了不少航闸，两岸改建和新建了许多现代化码头。目前，大运河虽不能全程通航，但季节性通航里程已达 1100 千米，对分担津浦铁路的货流，特别是承担煤炭、建材、盐、日用工业品、粮、油和其他农副产品的中短途运输任务，对发展地区经济，加强南北交流，起到了一定的作用。今天，作为南水北调的主要路径，古老的大运河必将重新焕发出青春的活力。

体育交通

　　从神话中的奥林匹克运动会，到哥伦布发现新大路，人类一直在探索中前进。每前进一步，都付出了巨大的劳动和智慧。正是有了这些伟大的创举，我们今天的生活才变得丰富多彩。珍惜前人的劳动成果，在他们打好的基础上，我们要努力学习知识，把我们美丽的地球家园建设得更美好。

奥林匹克运动会

　　波斯王薛西斯统率的大军横扫了希腊北部，来到了南下唯一的通道——德摩比勒隘口前。令他十分奇怪的是，把守关隘的只有几千名希腊士兵。"难道希腊人另有埋伏？"直到派去侦察的人回来向他报告，他才恍然大悟。

　　原来，此时正是希腊举行奥林匹克运动会的时间。而在希腊，奥林匹克是高于一切的大事，运动会期间是禁止打仗的，甚至在外敌入

古希腊奥林匹克遗址

侵时也不受影响。

那么，希腊的奥林匹克运动会究竟是怎么回事呢？

古代希腊神话传说：居住在奥林匹斯山上的天神宙斯主宰着天地万物、整个世界。为了表达对宙斯的崇敬祈求，希腊人在伯罗奔尼撒半岛西部的奥林匹亚举行盛大的祭祀。他们进献上整牛整羊作为祭品，载歌载舞，欢庆宴饮，同时还要进行短跑竞赛活动。

到公元前 766 年时，希腊规定每隔 4 年在奥林匹亚举行一次竞技大会，也就是运动会。这就是最初的奥林匹克运动会。

最早的竞赛项目只是 200 码（大约 182 米）短跑，后来逐渐增多，有摔跤、掷铁饼、投标枪、赛马和赛车等。除了那些犯叛国罪和对神不敬的人，每个有气力、身体灵活的希腊公民都可以参加比赛。最受观众欢迎的是驾着马车赛跑的项目。比赛时，众马奔腾，车轮滚滚，尘雾飞扬；观众的欢呼声伴着隆隆的车声、骏马的嘶鸣，方圆数十里都能感受到那热烈的气氛。因为这种比赛，需要自己有马，又要接受专门训练，所以参加的往往是贵族的代表。

运动会结束，竞赛优胜者要戴上用月桂编成的王冠，这就是人们常说的桂冠。戴着桂冠的优胜者比国王还要受到人们的崇敬和爱戴。有人甚至把他们当作神一样来崇拜。竞技大会的闭幕式上，还要举行"国宴"招待他们。最著名的诗人向他们奉献赞美诗，第一流的艺术家为他们在奥林匹亚建造纪念雕像。他们的名字很快传遍了整个希腊，有的时候还要通过各种方式向国外传扬。优胜者的家乡把他们当作出征凯旋的英雄来欢迎。有的城市还故意把城墙打开一个缺口，让他们像征服者那样进城。如果优胜者是雅典人，还可以得到 500 银币的奖励。

古老的运动会还树立起了一种优良的运动作风，优胜者得到最高的荣誉，受到普遍的尊敬；而那些在运动会上使用不正当手段进行作弊的人，要被立即赶出竞技场，遭受大家的耻笑。

奥林匹克运动会是古代希腊生活中一项极为重要的事件，甚至战争也要为运动会让路。交战的双方会暂停攻击，等到 5 天运动会结束以后再继续开火。后来，休战期延长到 1 个月，最后延长到 3 个月。最令人难以理解的是，即使在外敌入侵的时候，希腊人仍把运动会放在第一位。竞赛期间是希腊全国性的节日，每个希腊人都把能看到奥运会当作一生幸福的大事。

奥运会对希腊生活的许多方面产生了巨大影响。希腊的各个城邦，因为这一全国性的运动会，就有了共同的社会活动，有利于彼此接近，也增加了各城邦之间的文化交流和贸易往来。很多城邦之间的紧张的关系一定程度上得到了缓解。此外，运动会还促进了希腊文化艺术，特别是雕刻艺术的发展。希腊著名雕刻家迈伦塑的掷铁饼者，肌肉健壮，线条流畅，准确生动地表现出一个青年运动员在掷出铁饼前一刹那间的紧张状态，被誉为不朽的艺术珍品。希腊人中曾流行着这样一句话：没有奥林匹克，就没有希腊雕刻。

古代的奥林匹克运动会一共举行了293次。到公元394年，侵入希腊的罗马皇帝狄奥多西下令禁止举行比赛，奥林匹克运动会从此中断了1500多年。后来，经过法国人顾拜旦的倡议和努力，公元1896年，奥运会又在雅典恢复了。以后仍然是4年一次，分别在不同的国家举行，而且参加者也不再限定为希腊人。如今，奥运会已经成为全世界瞩目的体育盛会。比赛项目更多，参赛的选手更多。每隔4年，来自世界各国的运动员们会集在田径场上，向着"更高、更快、更强"的目标竞争拼搏，传递着人类大家庭的和平和友谊。奥运会又成为了人类和平友谊的盛会。

马拉松长跑

"我是居鲁士，宇宙的王，伟大的王，强有力的王，巴比伦的王。……世界四方的王……"这样昭示天下的就是波斯帝国的开国君主居鲁士。他从公元前553年开始，只用了3年的时间，就摧毁了小亚细亚强国米底亚，灭亡了古老的底格里斯河和幼发拉底河流域的新巴比伦王国。到第三代——大流士时，波斯帝国已经成为世界历史上第一个横跨亚、欧、非的庞大帝国。

公元前492年的春天，波斯又想征服美丽富饶、欣欣向荣的希腊城邦了。波斯派出大批战舰入侵和他们隔海相望的希腊，开始了历史上著名的希波战争。天有不测风云，波斯的海军在海上遭到飓风袭击，300 艘战舰、20000 多名海军官兵全部葬身海底。波斯的陆军失去海军的呼应，好像一支独臂，遭到色雷斯人的袭击，波斯的统帅也身负重伤。这次侵略希腊的军事行动不得不半途而废了。

波斯国王暴跳如雷。第二年，他幻想不战而降服希腊。他派出使者到希腊各城邦要"水和土"，意思是让他们臣服归顺波斯。希腊中部和北部的小城邦惧怕波斯帝国的武力，都屈膝投降了。但希腊最大的 2 个城邦——雅典和斯巴达岂能低下他们高傲的头？雅典人把波斯使者从悬崖抛入大海，斯巴达人把使者丢进井里，让他们自己去取"水和土"。

大流士一生也没受到这样的羞辱，他恼羞成怒，他决定派最有经验的大将军第二次出征希腊。

公元前 490 年，波斯大军横渡爱琴海，在雅典郊外的马拉松平原登陆。

处境险恶的雅典，一面紧密动员，加强戒备，一面派当时的长跑能手斐里庇第斯日夜兼程去 200 多千米远的斯巴达城邦求助。这位长跑健将以惊人的速度只用了 1 天多的时间便到达斯巴达。但斯巴达人却以祖宗规定，月不圆不能出兵为由拒绝出兵。斐里庇第斯苦苦哀求，但斯巴达人无动于衷，斐里庇第斯无奈，只好赶回马拉松复命。

雅典人听到斯巴达人不出兵的消息后，他们并不气馁，他们立即把全体公民组织起来，甚至奴隶也编入军队，赶往马拉松，占据有利地形。

按雅典法律，雅典的 10 位将军在出征期间应轮流掌握兵权，每人 1 天。采取重大军事行动时须事先经过 10 位将军商量，最后以少数服从多数原则做出决议。在雅典军事执政官卡利乌斯的主持下召开了军事会议。会上 10 位将军围绕着是被动防御，还是主动出击的问题，展开了激烈的辩论。一位叫米太亚得的将军主张主动出击。表决时，5 票对 5 票。执政官卡利乌斯支持了米太亚得将军。为了发挥米太亚得的指挥才能，其他将军都自愿放弃自己轮流当总司令的权利，让米太亚得一人全权指挥这场战争。

当时雅典军队有 1 万人，加上 1000 援军，总共不过 1.1 万人。而波斯军队有 10 万人，而且装备精良。在敌强我弱的情况下，米太亚得决定不与敌人硬拼，而是把战线稍稍拉长，把精锐步兵安排在两侧，正面战线上的兵力比较薄弱。公元前490年9月12日清晨，大战前夕，米太亚得对希腊将士做战斗动员，他说："雅典是永远保持自由，还是戴上奴隶的枷锁，关键就在你们。"他激动人心的话语，激励了士兵们保家卫国的决心。

激战开始了，希腊士兵在下面发起进攻，波斯军队不知是计，立即反攻。希腊军队边战边退，波斯军队步步进逼。在千钧一发的时刻，埋伏在两侧的士兵以迅雷不及掩耳之势冲出，从两侧夹击波斯军。波斯军队由于追击希腊人，战线拉得过长，这时陷入希腊军队的包围，首尾不能相顾，连忙慌慌逃向海边，想上船逃跑。希腊军队尾追至海边，和波斯军展开夺取军舰的战斗。一位叫基纳尔的希腊战士，他奋不顾身地用手抓住战船，被敌人砍掉了一只手，他忍住疼痛，用另一只手抓住战船，终于和战友们一起夺取了一艘战船。这场战役中，波斯人丢下了6400具尸体和7条战船。雅典人牺牲了192人，其中有执政官卡利乌斯和几位将军。当天晚上，斯巴达派来的2000名前锋战士赶到时，只见月光下尸首遍野的战场。

米太亚得急于把胜利的消息告诉正在焦急等待的雅典人民，他又选中长跑能手斐里庇得斯去传送消息。这位长跑能手当时已受了伤，可是，为了让同胞们早点知道胜利的消息，他拼命奔跑，当他跑到雅典城的中央广场时，已上气不接下气，他激动地喊到："欢……乐吧，雅典人，我们……胜利啦！"喊声刚落，他便一头栽倒在场，再也没有醒来。

希波战争持续了将近半个世纪。马拉松战役是希腊人和波斯人交锋的第一仗，这场战役极大地鼓舞了希腊人为自由和独立而战的斗志。

为了纪念这场战役的胜利和表彰尽职尽力的英雄斐里庇得斯的功绩，1896年，雅典人在第一届奥林匹克运动会上，规定了一个新的竞赛项目——马拉松赛跑。距离是马拉松至雅典的距离，根据当年斐里庇得斯经过的路线确定为全程40千米又200米。1920年，经过仔细测定又把距离改为40千米又195米。斐里庇得斯的名字和马拉松战役将随着奥林匹克运动会的圣火一代又一代地留存在人间。

哥伦布发现新大陆

哥伦布出生于意大利热那亚一个纺织工人家庭。青年时代读过《马可·波罗游记》，向往东方的富庶。1474～1475年在热那亚的船队工作。1476年移居葡萄牙里斯本，后到马德拉群岛和圣港岛，从事航海生涯，先后航行至英国、冰岛和几内亚等地。他刻苦学习天文、地理，受P·德埃利地理著作《世界图志》和意大利地理学者托斯卡内利影响，深信"地圆说"，想寻找一条从西方通向印度、中国和日本的新航线，并草拟了从欧洲西行至东方的航海计划。

约在1484年，哥伦布向葡萄牙国王若昂二世提出他的航海计划，寻求财政支持，未成功。1485年移居西班牙，向伊莎贝拉一世女王求助。1492年4月，他的计划终为西班牙国王所接受，同他签订航海协议，授予海上大将称号，任命他为所发现的岛屿和陆地的总督，准其从这些地方的产品和投资所得中抽取一定收入，并答应给予必要的财政和物质支持。

哥伦布纪念碑雕像

第一次航行（1492～1493年）。1492年8月3日，哥伦布携带西班牙王室致中国皇帝的国书，率领"圣玛丽亚"号、"平塔"号和"尼尼亚"号3艘船及船员90人，从西班牙西南海岸的帕洛斯港起航，经加那利群岛西驶，历尽艰险，终于在10月12日发现巴哈马群岛中的瓜纳阿尼岛（即今华特林岛。当时哥伦布把这个岛定名为圣萨瓦尔多，即基督教"救世主"之意）。接着发现古巴的东北海岸。继转东航，又发现海地岛，并称之为"埃斯帕尼奥拉"意为"小西班牙"。他在海地岛寻找黄金，筑纳维达德堡，派人驻守，旋即返航。1493 年 4 月 15 日返抵帕洛斯。

第二次航行（1493～1496 年）。1493 年 9 月 25 日，他在西班牙国王资助下，怀着在新发现地区殖民和寻找黄金的目的，率领约 1500 人分乘 17 艘船只，满载牲畜、农具、种子和粮食，从加的斯出发，第二次前往美洲。11 月 3 日发现多米尼加岛，接着又发现瓜德罗普岛和波多黎各等岛，然后驶抵海地岛。因纳维达德堡已为当地印第安人夷平，于是另筑伊莎贝拉堡，建立西班牙在美洲的第一块殖民地。印第安人被课以黄金重税，或被驱使到金矿从事奴隶劳动，有的被捕捉运回欧洲贩卖。1496 年，哥伦布返回西班牙，其弟 B·哥伦布留在海地岛，另建圣多明各城作为西班牙新的殖民据点。

第三次航行（1498～1500 年）。1498 年 5 月 30 日，哥伦布率领由 6 艘船只和 200 人组成的船队，分 2 组从圣卢卡尔起锚，3 只船直驶海地岛，另 3 只船由哥伦布率领，经佛得角群岛向西航行，于 8 月 1 日发现特立尼达岛。8 月 5 日在委内瑞拉帕里亚半岛登陆，第一次踏上南美大陆。8 月 31 日返回圣多明各。海地岛西班牙人互相倾轧，争权夺利，他实行委托监护制进行安抚，仍不能稳定局势。1500 年 9 月，哥伦布连同他的 2 个弟弟被强行押回西班牙。哥伦布后虽获释，却失去统辖其所发现土地的权力。

第四次航行（1502～1504 年）。1502 年 5 月 9 日，哥伦布率领 4 艘船只和约 150 人从加的斯出发，企图在古巴和帕里亚半岛之间的海面上尽快找到通往"印度"的航道。1502 年 6 月 15 日，发现马提尼克岛，然后沿海地岛南海岸西行，过牙买加向中美洲进发，再沿洪都拉斯南驶，越尼加拉瓜和哥斯达黎加，最后抵巴拿马的达连湾。因无西行航道，只得于 1503 年 6 月折回牙买加，经圣多明各于 1504 年 11 月 7 日回到西班牙圣卢卡尔。他请求西班牙国王给予他应得的财富和统治新大陆权力，未能如愿。

1506 年 5 月 20 日，哥伦布在贫病交加中死于巴利亚多利德。直到去世时哥伦布还以为他发现的陆地是印度。死后留下的航海日记和信件，是研究航行美洲的重要史料。

哥伦布处在 15 世纪末 16 世纪初欧洲商业资本主义发展和封建制度瓦解的转变时期，他对美洲的发现顺应了欧洲资产阶级掠夺新财富、发展资本主义的迫切要求。美洲的发现和殖民，促进了世界市场的形成，大量金银流入欧洲，扩大了资本主义原始积累，推动了欧洲资本主义的发展，加速了欧洲封建制度崩溃。同时，哥伦布发现美洲以后，在拉丁美洲建立起殖民奴役制度，给印第安人带来了深重的灾难。

麦哲伦海峡

麦哲伦 1480 年生于葡萄牙北部的一个破落的骑士家庭。10 岁左右进入王宫服役，充当王后的侍从。16 岁时进入葡萄牙国家航海事务厅，因而熟悉了航海事务的各项工作。

那时哥伦布已经发现了美洲新大陆，达·伽马也从印度返航并带回了巨大的东方财富。怀着对东方财富和远洋探险的向往，麦哲伦 1505 年参加了海外远征队，从此开始了远洋探航的生涯。在这次远征印度、马六甲、马来群岛的过程中，为了与阿拉伯人争夺贸易地盘、取得亚洲南部海洋的霸权，远征队与阿拉伯商人和沿途的居民打过几仗，麦哲伦因而也三度负伤。

麦哲伦伤愈后，在返回葡萄牙的途中船只触礁。在大家

麦哲伦肖像

心灰意冷之际，麦哲伦挺身而出，带领幸存的海员克服重重的困难，直至得到援救。由于这次事件，麦哲伦被提升为船长，被留在了印度。此后，麦哲伦在印度和东南亚一带参加了殖民战争，并在这一带进行了探索和游历。

他从实地了解到在东南亚群岛的东面是一片汪洋大海。他坚信地球是圆形的，并猜测在这片大海的东面，肯定是哥伦布发现的美洲大陆。他下定决心一定要做一次环球探航。1513年麦哲伦回到葡萄牙。他一再请求国王允许他组织船队进行环球探险，然而国王却不理睬他，绝望的麦哲伦只好在1517年离开祖国，投奔西班牙塞维利亚城的要塞司令。要塞司令非常欣赏他的才能和魄力，不仅把女儿嫁给他，还向西班牙国王举荐了他。麦哲伦的环球航行的计划得到西班牙国王的批准，与他签署了远洋探航协定。

按照协定，麦哲伦被任命为探险队的首领，所率船队的船只由国家提供，航海费用由国家负担。探险过程发现的任何土地，全部归国王所有，麦哲伦充任总督，新发现的土地的全部收入的1/20归麦哲伦所有。为了监督麦哲伦，国王又派了皇室成员作为船队的副手。

1519年9月，麦哲伦率领一支由200多人、5艘船只组成的浩浩荡荡的船队，从西班牙塞维利亚城的港口出发，开始了环球远洋探航。

经过2个多月的海洋漂泊，船队越过大西洋来到巴西海岸。船队沿海岸向南继续航行，在第二年1月来到了一个宽阔的大海湾。

"海峡找到了！""海峡找到了！"

海员们高兴地欢呼起来，以为已到达了美洲的南端，可以进入新的大洋了。然而随着船队在海湾中的前进，发现海水变成了淡水，原来此处只是一个宽广的河口，这就是今天乌拉圭的拉普拉塔河的出口处。

船队继续向南前进。南半球与北半球的季节刚好相反，3月的南美洲已临近冬季，风雪交加，航行极其困难。月底，航队来到圣胡利安港，并在这里抛锚过冬。

由于几次探索海峡的失败，大多数海员都感到灰心丧气，有3个船长也借机反对麦哲伦。麦哲伦设下计谋平定了这次叛乱，避免了探航半途而废的结局。

经过近 5 个月的休整，到了 8 月，又是这个地区春暖花开的季节，麦哲伦又率领船队出发了。由于有一艘船在 5 月份的探航中沉没，此时只剩下 4 条船了。

2 个月后，船队在南纬 52°处又发现了个海口。这个海峡弯弯曲曲，忽窄忽宽，港汉交错，波涛汹涌。麦哲伦派出一艘船去探航，然而这艘船却调转船头逃回了西班牙。麦哲伦只好率领着剩下的 3 条船像钻迷宫似的在海峡中摸索着前进。麦哲伦以坚强的意志率领船队前进。在这个海峡迂回航行 1 个月后，他们终于走出海峡西口，见到了浩瀚的大海。向来以沉着、坚定著称的麦哲伦激动地掉下了眼泪。

为了纪念麦哲伦这次探航的功债，后人把这条海峡命名为"麦哲伦海峡"。如果你打开世界地图，就可以在南美洲的南端，南纬 52°的地方找到它。

船队在这片大洋中航行了 3 个多月，海面一直风平浪静。因此，他们就为它取了个名字叫"太平洋"。

1521 年 3 月初，在水尽粮绝、人人疲乏虚弱之际，航队来到了富饶的马里亚那群岛，受到当地居民的热情款待。3 月底船队来到了菲律宾群岛。当麦哲伦原来从马六甲带走的仆人亨利用马来语与当地土人对上话时，麦哲伦是多么激动啊！他的环球航行的梦想终于要实现了，他从西方向西航行终于到达了东方，他以不可辩驳的事实证明了，地球的的确确是圆形的。

为了征服这块盛产香料的富饶土地，这个坚韧果敢却满怀野心的麦哲伦，企图利用当地部族间的矛盾来达到他的目的，然而在一次与当地部族的冲突中，麦哲伦被杀害了。最后，麦哲伦的助手烧掉一条破烂不堪的船，带领仅存的 2 条船载满香料越过马六甲海峡，经印度洋、过好望角，辗转 1 年多，终于在 1522 年 9 月回到了西班牙。这时，整个船队仅剩下 1 条船与 18 名船员了。

从 1519 年 9 月到 1522 年 9 月，麦哲伦和他的船员们，花了整整 3 年的时间，终于完成人类的第一次环球一周的航行。麦哲伦虽然死去了，但是他对后世航海和科学事业所做的贡献，却是让我们每一个人都不能忘记的。

蒸汽机推动工业革命

1764 年一个星期六的傍晚，约翰·安塔逊教授急匆匆地走进英国格拉斯哥大学理学院的实验准备室，边走边喊着：

"詹姆斯先生，蒸汽机修好了吗？我忘了告诉你，下周一我要向学生做演示呢！"

可实验室里空无一人，只有墙上的惠更斯振子钟滴答滴答不知疲倦地走着。实验台上放着一台纽康门式蒸汽机模型，它被擦得干干净净，个别损坏了的零部件也已经修好。安塔逊教授看见修好的蒸汽机模型，脸上露出了满意的笑容。他正要转身离去，突然，门被撞开了，一个年轻人风风火火地冲了进来，他就是安塔逊教授要找的机械技师詹姆斯·瓦特。

1736 年，瓦特生于英国格拉斯哥的格里诺克。他从小体弱多病，不能按时上学，所以没有受过系统的学校教育。在他 19 岁时，进入仪表工厂当了学徒工。22 岁时，来到英国格拉斯哥大学当了机械技师。在大学里，他刻苦学习，肯于钻研、虚心向有学问的人学习，使他的科学知识水平得到很大提高，在工作中逐渐显示出他的才能，深为大学里的一些教授们所赞赏。

就在瓦特担任格拉斯哥大学机械技师的第 6 个年头，即 1764 年，格拉斯哥大学从伦敦买回了一台纽康门蒸汽机模型供演示实验用，但经常运转不灵。瓦特受安塔逊教授的委托，修理这台蒸汽机模型。

在接手这项工作之前，瓦特对

瓦特做发明蒸汽机的实验

有关蒸汽机的知识知道的并不多，也不知如何修理，但他还是痛快地接受下来。从此以后，瓦特既爱上了蒸汽机，又深切觉得有必要对它进行研究和改进。

"纽康门的蒸汽机本身尚有很大的潜力没有发挥，如能解决蒸汽的浪费，使蒸汽都能有效地工作，工作效率就会大大提高。"

瓦特这样想着，也这样开始进行研究。其中的主要问题是如何改进才能使汽缸不降低温度，永远保持正常工作状态。关于这个问题，他整整研究了1年。

1765年5月的一个星期天，瓦特来到格拉斯哥公园散步。初夏的公园，百花争艳，绿树成荫，使人格外感到心旷神怡。而瓦特无心欣赏这迷人景色，他的思绪仍放在蒸汽机上。他在公园的椅子上坐了下来，放松了一下身体，举目眺望天空，只见一片片白云在晴空中飘动……

"嘿，白云多么像蒸汽啊！"瓦特的思路豁然开朗了。

"蒸汽本身是有弹力的，当蒸汽膨胀后，一定会往真空的地方移动，应像白云一样飘动。如果另外设计一个装置，把蒸汽压到这里进行冷却，汽缸岂不就永远保持正常温度了吗？"

"把汽缸完全密封，使蒸汽一点不外漏，全部力量都用在推动活塞上，那就不仅可以大大提高效率，而且也不需要耗费大量的煤炭了。"

思路一旦打开，便一发而不可收了。瓦特再也不想散步了，他匆匆赶回了家，按照自己的构思进行设计，这样，他发明了冷凝器，为蒸汽机的实用化奠定了坚实基础。

新的蒸汽机完成了，效率显著提高，但仍存在很大缺点，需要进一步改进。首先要做的就是解决汽缸和活塞之间的漏气问题。瓦特通过好友布莱克教授的介绍，结识了技师约翰·威尔金森，并在他的帮助下，制造加工出精密的汽缸和活塞，解决了漏气问题。

1769年，瓦特的蒸汽机完全实用化，他取得了发明蒸汽机的专利特许权。这种蒸汽机虽然比纽康门蒸汽机的性能好，效率高，耗煤量小，但它还是一部只能做上下单纯运动的单动式蒸汽机，只能用于排水工作。为使其能够得以广泛应用，瓦特又投入了新的研制工作。1781年，瓦特将蒸汽机进一步改进成为双动式蒸汽机，这是普遍适用于工业生产的万能发动机。1783 年，他又取得了第二个专利权。

最新式的蒸汽机一出现，就立即被广泛应用到采矿、纺织、冶金、机械加工等各行各业。它直接促进了工业革命的爆发，促进了社会的变革。用马克思的话来说，蒸汽机的发明，在很短的期间把世界万事万物都改变了。

▌ 轮船改变了航海

船，是人类渡河、过江跨越海洋的重要工具。早在原始社会末期，人类就会制造独木舟了。但直到 18 世纪末，世界上所有的船仍是靠风力扬帆，或靠人力摇橹行驶的。

18 世纪下半叶，瓦特蒸汽机的普遍应用，为古老的船只摆脱靠人力、风力行驶的状况提供了可能。这样，人们在将瓦特蒸汽机普遍应用于纺织、矿山、冶金和机械加工等行业之后，开始把它用于推动船舶航行上。

最早的蒸汽船是一位名叫菲奇的美国人研制的。他利用蒸汽机动力，并设想了一个螺旋推进器，做过模型试验，效果很好。但由于菲奇并非富家子弟，生活比较困难，社会上的人们对他的研究不理解，也无人肯出钱支持他的发明研究，致使研究失败了。

在他之后不久，另一位美国人开始研究蒸汽船，并一举取得成功，成了"轮船的发明人"，他就是世界著名的发明家罗伯特·富尔顿。

罗伯特·富尔顿于 1765 年生于美国宾夕法尼亚州的兰开斯特的一个农场工人的家庭。少年时代的富尔顿善于幻想也善于绘画。长大后，他成为了一位颇有名气的肖像画家，但是他的最大兴趣并不在于绘画，而是搞发明创造。1797 年，富尔顿制成了一艘名叫"鹦鹉螺"号的潜艇。虽然富尔顿后来放弃了这项研究，但在研究潜艇中，为他进一步发明蒸汽船提供了经验。

1803 年，富尔顿在法国建造了第一艘轮船。漂亮的机动船停泊在巴黎的塞纳河上等待试船。这艘轮船长 21.3 米，宽 2.4 米，外轮直径 3.65 米，并安装有铜汽锅炉和一台 8 马力的蒸汽机，一切准备就绪。但天有不测风云，就在试船的前一天晚上，巴黎一场罕见的暴风雨，将富尔顿的船刮翻到河里。富尔顿连续奋战了20多个小时，才从水下捞出了机器。狂风虽然摧毁了轮船，但摧毁不了富尔顿必胜的决心，他又重新投入到研制中去。

1807年7月4日，在美国纽约城附近的哈得逊河上，停着一艘木制的怪船，船上立着一个大烟囱，烟囱里冒着黑烟，船体两侧各有一个大水车式的旋转机械，船张着白帆，却不见有橹。这就是富尔顿的又一杰作——"克莱蒙特"号蒸汽轮船将要试航了。

罗伯特·富尔顿工作时的照片

7月的天气，异常炎热，站在岸上的人们或撑着阳伞，或挥着扇子，耐心地等着观看富尔顿的蒸汽船的公开表演。10点钟，有绅士打扮的，有学者模样的，年老的、年少的，还有妇女儿童，在富尔顿的陪同下走上了蒸汽船。富尔顿先领大家参观了一下轮船，然后对轮船上各种机械的性能和作用进行了一番讲解。

试航的时间到了。富尔顿一声令下，机房里机声一阵大作，烟囱里冒着浓浓的黑烟，两侧的水车拍击着河水，蒸汽船在富尔顿的驾驶下，缓缓开动了。

"动了，动了，怪船真的动了！"岸上的观众欢呼着，船上的客人们也频频摆手，大家共同为富尔顿的发明成功而祝贺。船沿着哈得逊河逆流而上。渐渐地，"克莱蒙特"号把一艘艘帆船抛在后头。

经过32小时的航行，"克莱蒙特"号到达了距离纽约240千米的上游小城阿尔巴尼城，试航成功了。从此，"克莱蒙特"号成了哈得逊河的定期班轮，在上游和下游城市之间往返。

几乎在富尔顿的"克莱蒙特"号试航成功的同时，美国一个叫史蒂芬逊的人，也制造了一艘名叫"菲尼克斯"号的蒸汽船。只是稍晚了几天，因此，这项发明蒸汽船的荣誉桂冠就为富尔顿获得了。

1836 年，英国有位造船师对富尔顿的"明轮蒸汽船"加以改进，制成了潜入水中的螺旋桨推进器，装在船尾。从此，真正的轮船诞生了，它使人类可以跨越大洋大海，缩短了远隔重洋的各国人们的距离。

火车的发明

1799 年的一天，英国维拉蒙特·培茵的一所专为煤矿矿工子弟创办的夜校里招收了一位不寻常的学生，一位 18 岁的小伙子开始了他同一群七八岁儿童同窗学习的学生时代。

他就是后来被人们誉为"火车之父"的发明家乔治·史蒂文森。

史蒂文森出生在"蒸汽机时代"。1769 年，英国人瓦特发明了蒸汽机，使人类掌握了巨大的动力机器，从而在世界范围内出现了工业革命。这时，苦于运输的矿山，首先废除了马拉的矿车，换上了极简陋的蒸汽车，在轨道上来往运送矿石。蒸汽车既然能牵引矿石车，那么能否将它改进为人乘的交通工具呢？这时，确已有人在热心地研究这一问题了。

最早试图把蒸汽机用在新的陆路交通运输工具的人，是英国的一位矿山技师特莱维茨克。他经过几年的努力，在 1803 年制造出了世界上第一台蒸汽机。这种机车每小时行驶 5~6 千米，初试时效果很好，但在实际行驶中，却经常发生零件损坏、出轨等事故。最终，特莱维茨克失去了信心，放弃了研究。

不久，人们认识到特莱维茨克蒸汽机车事故频繁的原因，主要是铁轨打滑造成的。1812 年，英国技师布雷全苏和穆雷二人，提出了一个新的设计，他们在两条铁轨中间加一条带齿的轨，在机车的腹部安装一个转动的齿轮，让齿轮咬着齿轨前进。实验的结果，仍以失败告终。

人类文明史上伟大的创造

RENLEIWENMINGSHISHANGWEIDADECHUANGZAO

此后，研究火车的人越来越多，但是他们都在打滑问题上下工夫，所以始终没有解决火车的行驶速度问题。

史蒂文森从 14 岁时开始就在煤矿上当矿工，成天与蒸汽机打交道，使他对蒸汽机的构造性能逐渐熟悉。终日在煤矿干活，他对运煤的劳累和艰辛更有切身的感受。这样，他在通过夜校学习摘掉文盲的帽子后，便阅读大量的科技书籍，掌握了必不可少的数理化知识。并从 1812 年开始，把全部的精力用在研制蒸汽机上了。

开始是从改革特莱维茨克的机车着手的。改革后的机车体积变小了，而且牵引力也显著提高了。但是，蒸汽机汽缸排气的噪声非常大，以致使周围农村的牛马被这刺耳的怪声吓得惊慌失措，因而遭到农民们的抗议，有人竟然威胁说："你如果再不解决这吓人的怪声，我们就要采取行动，彻底砸毁你的机车！"

史蒂文森被迫考虑解决这个问题。他用导气管把喷出的蒸汽废气引到烟筒里去，这样不仅减小了噪声，而且加快了炉内的空气循环，使煤燃烧更旺，增强了机车的牵引力。这一偶然的想法收到了一举两得的效果，完全出乎史蒂文森的意料。史蒂文森便利用这一关键性的发现，重新改进自己设计的机车。

1825 年，英国政府在号称"煤都"的达林顿和海港斯托敦之间铺设了一条铁路，当然这条铁路并不是为行驶火车使用的，而是为了马车运输使用的。史蒂文森便到处游说："一台火车，等于 50 匹马，行驶起来又快又安全！"

史蒂文森的努力取得了成功，英国政府终于同意在这条铁轨上行驶蒸汽机车。

1825 年 9 月 27 日，史蒂文森的"旅行 1 号"蒸汽机车在史蒂文森的亲自驾驶下，牵引着 30 多节车厢，运载旅客 600 多人，还有煤和其他货物，在汽笛一声长鸣后，慢慢地开动起来。为了安全起见，政府专门派人骑马举旗在火车前引路。几小时后，史蒂文森驾驶着火车胜利到达了终点站。等候在那里的人们，以充满敬意的掌声和欢呼声迎接着他。从此，世界上有了第一条行驶蒸汽机车运输乘客的铁路。

1829 年，英国政府又在利物浦和曼彻斯特之间铺了一条铁路，为了挑选最好的机车，决定事先进行比赛。当时有 3 台披红挂绿的蒸汽机车参加了竞赛。结果，史蒂文森亲自发明和驾驶的"火箭"号机车，拉着 13 吨货物，以 24 千米/时的速度跑了 100 千米，赢得了第一。

由于史蒂文森对蒸汽机车的杰出贡献，后人把他称为近代蒸汽机车的奠基人，称他为近代"火车之父"。

海底电缆出现

自从莫尔斯发明有线电报以后，不到 20 年，这种新的通讯工具已经风行各地。当时，莫尔斯电报只能在陆地上使用，随着社会发展，英国和欧洲大陆以及欧美两地之间传统的邮船通信，已远远满足不了社会的需要了。在英、法两国政府的支持下，1850 年在英国和法国之间的多佛尔海峡铺设了最早的海底电缆。

随着美国和欧洲贸易的日益增大，人员和物质交流的日益扩大，铺设横跨大西洋的海底电缆的呼声，日渐高涨，但要想建造和铺设一条 4000～5000 千米长的海底电缆，并非易事，许多理论和技术问题都需要解决。

首先需要解决的就是信号延迟现象。因为电缆越长，信号延迟时间也越久，而且衰减和失真也就越厉害，以至于电报不能正常传递。为此，苏格兰格拉斯哥大学的年轻的物理学教授汤姆逊经过 1 年多的研究和实验。在 1855 年提出了海底电缆信号传递衰减理论，一举解决了长距离海底电缆的重大理论问题。他的理论成为后来海底通讯工程设计的重要根据。

经过 6 年多的酝酿和筹备，1856 年大西洋海底电缆公司正式成立，资本总额为 35 万英镑，苏格兰股东们选聘了汤姆逊教授为公司董事。

海底电缆铺设工程开始后，汤姆逊发现工程设计书上的电缆直径比理论需求小得多，不合标准，但取消定购合同已来不及了。这样，在无法增大电缆直径的前提下，只能用其他方法提高铜电缆的导电率。汤姆逊把当时商用的各种铜线都拿来做测试，发现各自的电阻率差别很大，如果使用不同电阻

人类文明史上伟大的创造

RENLEIWENMINGSHISHANGWEIDADECHUANGZAO

率的铜电缆，势必使总电缆的参数发生很大偏差。为此，他提出对电缆铜材统一要求规格，并总结出一套实用的测量法，汤姆逊还发现在铜内加入化学微量元素时，能使电阻减小很多。这些都为建造合格的电缆提供了保证。

1857 年，盼望已久的电缆终于造好。沟通欧美大陆的第一条海底电缆开始铺设沉放了，电缆的两个终端地点，选在了北美的纽芬兰岛和英国的爱尔兰。因为这两个地方横跨大西洋的距离最短。但当电缆沉放到距离出发地 330 海里时，电缆意外地断了。第一次电缆沉放以失败而告终了。

事后，人们在事故分析中找到了两条失败的原因，电缆断裂的原因是外层机械抗拉强度太低所致，这个不难解决。关键的问题在于如何接收弱电信号。

汤姆逊卓有远见地意识到，必须研制接收灵敏度更高的电报机。为此，他又全身心地投入到研制新型电报机上。他从阳光下的镜片反光这一现象中得到启发，研制成了吊镜式电流计电报机。这种电报机有很高的灵敏度，可把接收的弱信号放大，可以解决长距离电缆通讯信号衰减无法接收的问题。

1858 年春夏之交，大西洋海底电缆沉放铺设工程再次开工。经过 1 个多月的紧张铺设，茫茫的大西洋终于被征服，电缆铺设成功了。然而好事多磨，海底电缆使用不足 1 个月，就出现了严重故障。信号变得模糊不清，造成大西洋两岸通讯中断。这主要是因为绝缘层抗腐蚀性太差，海水浸泡时间一长，便造成漏电，有的线段甚至完全断裂。

耗费几十万英镑的电缆，就这样葬送海底了。但汤姆逊和大西洋海底电缆公司并没有气馁，他们在政府的鼓励和资助下，又开始计划建造第三条跨洋海底电缆。

1865 年的第三次电缆铺设又失败了。1865 年 4 月，在汤姆逊的主持下进行了第四次电缆铺设。6 月中旬，电缆铺设完毕。至此，永久性的大西洋海底电缆终于宣告成功，整个工程耗费了 10 年的时间。

100 年后的今天，尽管科技飞速发展，海底电缆仍是国际通讯的一种重要手段。

文　化

文化属于精神物质，只有文化的出现人类才进入文明时期。每一个历史时期，都有不同的文化特色和文化精髓。楔形文字的出现标志着人类的思维变得复杂化，不再是单一的刀耕火种了；但丁与《神曲》是一个时代结束和另一个时代的开始。只要文化不断层或覆灭，人类的想象将永远为地球创造精神食粮。

▎楔形文字

现代人对古代各国的历史的了解，主要靠的是文字的记述的资料。中国的汉字是世界上最古老的文字之一，已经有 6000 年左右的历史了。在世界别的地方发现的古代文字，主要有 3 种：①埃及人在公元前 3500 年左右就使用的图画式的象形文字，②公元前 1000 多年腓尼基人发明的字母文字，③古代苏美尔人和巴比伦人使用的楔形文字。

楔形文字的辨认，同埃及象形文字的辨认过程极为相似。这件事还得追溯到 2500 多年前。

那是公元前 522 年 3 月的事情。当时波斯皇帝冈比西斯率大军远征埃及。有一个叫高墨达的僧侣，冒充被冈比西斯处死的皇弟巴尔狄亚的名义在波斯各地和米底发动了叛乱。叛乱持续了半年之久。皇帝冈比西斯在从埃及返回波斯的途中突然病死。一时间波斯贵族门群龙无首。这时有一个叫大流士的贵族用阴谋手法获得了皇位。他最后平定了叛乱。为了称颂自己的功绩，大流士让人将他平定叛乱的经过，刻在米底首府爱克巴坦那（今天伊朗哈马丹）郊外贝希斯顿村附近的一块大岩石上。这就是著名的贝希斯顿铭文。

贝希斯顿铭文上面也刻着3种文字：楔形文字、新埃兰文和古波斯文。1835年，一个偶然的机会，法国学者罗林森发现了这个铭文，并制成了拓本。1843年，他译解了其中的古波斯文，然后又将古波斯文与楔形文字对照，终于读通了楔形文字。从此解开了楔形文字之迷。

古埃及楔形文字

原来，最古的楔形文字是从右到左直行写的。因为书写不便，后来就把字形侧转90度，改成从左到右的横行。楔形文字是苏美尔人发明的。早在公元前4000年，他们在开发两河流域的同时，创造了这种文字。

最先，这种文字是象形的。假使要表示复杂的意义，就用2个符号合在一起，例如"天"加"水"就是表示"下雨"；"眼"加"水"就是"哭"等。后来又发展可以用1个符号代表多种意义，例如"足"又可表示"行走"、"站立"等，这就是表意符号。

再到后来，一个符号也可以表示一个声音，例如"星"这个楔形字，在苏美尔语里发"嗯"音，如果用来表示发音的话，就与原来的"星"这个词的含义没有关系了，只表示发音，这就是表音符号。

为了表示有关的楔形字应该表示什么意思和发什么音，苏美尔人又发明了部首文字。比如，如果一个人名之前加上一个特殊符号，就表示这是一个男人的名字。

苏美尔人他们还不懂得造纸。他们就用黏土做成长方形的泥版，用芦苇或木棒削成三角形尖头在上面刻上字，然后把泥版晾干或者用火烤干。这就是后来人们所说的泥版文书。一开始，苏美尔人的泥板是圆形或者角椎形的，不便于书写和存放，后来苏美尔人便将泥板改为方形的。苏美尔人的大部分文字材料都是刻在这种方形泥板上才保存下来的。到现在为止，人们在两河流域已经挖掘出了几十万块这样的泥版文书。

由于苏美尔人用的是芦秆或木棒做成的、尖头呈三角形的"笔"，落笔处印痕较为深宽，提笔处较为细狭，后来人们就把两河流域的这种古文字称为楔形文字。

楔形文字后来流传到亚洲西部的许多地方，它给人类文明做出过重大的贡献。公元前2007年，苏美尔人的最后一个王朝衰亡之后，巴比伦王国把这份文化遗产继承了过来，并且有了更大的发展。

汉谟拉比法典

1901年12月，由法国人和伊朗人组成的一支考古队，在伊朗西南部一个名叫苏撒的古城旧址上，进行发掘工作。一天，他们发现了1块黑色玄武石，几天以后又发现了2块，将3块拼合起来，恰好是一个椭圆柱形的石碑。

这块石碑高2.25米，底部圆周1.9米，顶部圆周1.65米。在石碑上半段那幅精致的浮雕中，古巴比伦人崇拜的太阳神沙马什，端坐在宝座上，古巴比伦王国国王汉谟拉比，恭谨地站在它的面前，沙马什正在将一把象征帝王权力标志的权杖，授予汉谟拉比。石碑的下半段，刻着汉谟拉比制定的一部法典，是用楔形文字书写的。其中有少数文字已被磨光。这个石碑就是著名的"汉谟拉比法典"，也是世界上最早的一部比较系统的法典。它把我们带到了近4000年前的古巴比伦社会。

古巴比伦王国位于幼发拉底河和底格里斯河流域，大体相当于今天的伊拉克。公元前1792年，汉谟拉比成为古巴比伦国王。汉谟拉比是一位很有才干的国王。他勤于朝政，关心农业、商业和畜牧业的发展。他也关心税收，处理各种案件。他在位40年，使巴比伦成了一个强盛的国家。

汉谟拉比每天要处理的申诉案件太多，简直应付不了。他就让臣下把过去的一些法律条文收集起来，再加上社会上已形成的习惯，编成了一部法典。汉谟拉比命令把法典刻在石柱上，竖立在巴比伦马都克大神殿里。

这部法典一共有282条，刻在圆柱上共52栏4000行，约

刻在石柱上汉谟拉比法典

8000字。圆柱挖掘出来的时候，正面7栏（35条）已经损坏，其余的基本完整。上面的字迹优美，是一种只有王室才使用的楔形字体。

汉谟拉比法典分为序言、正文和结语3部分。正文共有282条，其中包括诉讼手续、盗窃处理、租佃、雇佣、商业高利贷和债务、婚姻、遗产继承、奴隶地位等条文。汉谟拉比法典比较全面地反映了当时的社会情况。

在巴比伦社会中，除了奴隶主和奴隶，还有自由民。这部法典的很多条文是用来处理自由民的内部关系的。处理的原则就是"以牙抵牙，以眼还眼"。比如，两个自由民打架，一个人被打瞎了一只眼睛，对方就要同样被打瞎一只眼睛作为赔偿；被人打断了腿，也要把对方的腿打断；被人打掉牙齿，就要敲掉对方的牙齿。甚至有这样的规定：如果房屋倒塌，压死了房主的儿子。那么，建造这所房屋的人得拿自己的儿子抵命。

RENLEIWENMINGSHISHANGWEIDADECHUANGZAO

汉谟拉比法典对奴隶主、自由民、奴隶有着不同的规定：如果奴隶主把一个自由民的眼睛弄瞎，只要拿出一定数量的银子就可了事。如果被弄瞎眼睛的是奴隶，就不用任何赔偿。奴隶如果不承认他的主人，只要主人拿出他是自己奴隶的证明，这个奴隶就要被割去双耳。法典甚至规定奴隶打了自由民的嘴巴也要处以割耳的刑法。属于自由民的医生给奴隶主治病，也是胆战心惊的。因为，如果奴隶主在开刀的时候死了，医生就要被剁掉双手。

为了巩固奴隶主的统治，法典还规定了一些更严厉的条款：逃避兵役的人一律处死；破坏桥梁水利的人将受到严厉处罚直到处死；帮助奴隶逃跑或藏匿逃亡奴隶，都要处死；如果违法的人在酒店进行密谋，店主如果不把这些人捉起来，卖酒人也要被处死。

巴比伦社会里自由民还包括租种土地的小农。他们也受着奴隶主的沉重剥削，他们每年要把收获量的 1/3，甚至是 1/2 缴给出租土地的奴隶主。法典中还规定：债务奴隶劳动 3 年可以恢复自由。但这仅仅是给自由民的一点小恩小惠。奴隶主逼迫一些还不起债的自由民成为债务奴隶，反过来又用这种规定来笼络他们。

有个名叫乌巴尔·沙马什的小农，租种奴隶主义鲁姆·巴尼一小块土地，全家人累死累活地干了一年，好不容易盼到了秋收。但是，粮食刚收上来，义鲁姆·巴尼就瞪着血红的眼睛上门逼租了。富商伊兴杜姆也上门索取乌巴尔·沙马什这年春天向他借的 250 千克粮食。乌巴尔·沙马什交了租，还了债再交完了各种苛捐杂税，一年的劳动成果全部付诸东流。乌巴尔·沙马什只得把子女卖为奴隶，他本人也沦为债务奴隶。

正是依靠这部法典，汉谟拉比时代的巴比伦社会，成为古代东方奴隶制国家中统治最严密的国家。

那么这部石柱法典是怎样从巴比伦"跑到"苏撒的呢？原来苏撒也是一座 5000 多年前的古代都城。公元前 3000 多年前，在今天伊朗迪兹富尔西南的苏撒盆地有一个强大的奴隶制王国，叫埃兰（又译"依兰"）。古城苏撒就是埃兰王国的首都。公元前 1163 年，埃兰人攻占了巴比伦之后，便把刻着汉谟拉比法典的石柱作为战利品带回到了苏撒。埃兰王国后来被波斯灭亡。公元前6世纪时，波斯帝国国王大流士上台后，又把波斯帝国的首都定在苏撒。这个石柱法典便又落到了波斯人手中。

那么发掘出来的圆柱正面7栏已被损坏，又是怎么回事呢？原来，埃兰国王打算在圆柱正面刻上自己的功绩。可是，在毁去原来的字迹后，不知为什么并没有刻上新字。

这件稀世珍宝现在还收藏在巴黎的卢浮宫博物馆。圆柱上被涂毁的7栏文字，可以根据后来发现的汉谟拉比法典的泥版文书进行校补。所以，"石柱法典"仍是世界上现存的一部最古老最完整的法典。

荷马史诗

《荷马史诗》相传是由盲诗人荷马写成，实际上它是许多民间行吟歌手的集体口头创作，由荷马加工整理而成。史诗包括了迈锡尼文明以来多少世纪的口头传说，到公元前6世纪才写成文字。它作为史料，不仅反映了公元前11世纪～前9世纪的社会情况，而且反映了迈锡尼文明。这是一部不朽的世界文学名作，它再现了古代希腊社会的图景，是研究早期社会的重要史料。

荷马史诗包括《伊利亚特》和《奥德赛》两部分。由这两部史诗组成的荷马史诗，语言简练，情节生动，形象鲜明，结构严密，是古代世界一部著名的杰作。

《伊利亚特》叙述希腊联军围攻小亚细亚的城市特洛伊的故事，以希腊联军统帅阿伽门农和勇将阿喀琉斯

盲诗人荷马的头部雕像

的争吵为中心，集中地描写了战争结束前几十天发生的事件。希腊联军围攻特洛伊10年未克，而勇将阿喀琉斯愤恨统帅阿伽门农夺其女俘，不肯出战，后因其好友战死，乃复出战。特洛伊王子赫克托尔英勇地与阿喀琉斯作战身死，特洛伊国王普利安姆哀求讨回赫克托尔的尸体，举行葬礼，《伊利亚特》描写的故事至此结束。

《奥德赛》兰叙述伊大卡国王奥德修斯在攻陷特洛伊后归国途中10年漂泊的故事。它集中描写的只是这10年中最后一年零几十天的事情。奥德修斯受神明捉弄，归国途中在海上漂流了10年，到处遭难，最后受诸神怜悯始得归家。当奥德修斯流落异域时，伊大卡及邻国的贵族们欺其妻弱子幼，向

盲诗人荷马在唱诗

其妻皮涅罗普求婚，迫她改嫁，皮涅罗普用尽了各种方法拖延。最后奥德修斯扮成乞丐归家，与其子杀尽求婚者，恢复了他在伊大卡的权力。

英雄史诗都是以一定的历史事实为基础的。《荷马史诗》就向我们展示了公元前12世纪～前9世纪时希腊人的社会状况，以及希腊人从氏族公社进入奴隶制社会的过渡形态。从《荷马史诗》中，我们可以看到：古希腊在从氏族公社向国家转变的过程中，没有受到任何来自外部和内部的暴力干扰；古希腊的国家组织纯粹是通过私有财产的产生和阶级分化、直接从氏族公社中产生出来的。

另一方面，英雄史诗中的内容描写都充满了神话传奇色彩。《荷马史诗》中的英雄，不是具有神的血统，就是具有神所赋予的力量他们在历史发展的紧要关头往往就能够决定历史的变化方向。因此，从某种意义上说，英雄史诗所宣扬的是一种英雄史观。只不过英雄史诗中表现出来的英雄史观与后来西方社会中的英雄史观是不同质的。

人类文明史上伟大的创造

RENLEIWENMINGSHISHANGWEIDADECHUANGZAO

英雄史诗用神奇的笔调描写英雄的形象、突出英雄在历史发展过程中的主导地位，其目的并不是贬低大众，而恰恰是为了抬高作为那些英雄的子孙们的希腊人，是为了抬高那些创作和传播英雄业绩的人们本身。因为一个有着英雄祖先的民族是值得自豪的。英雄史诗之所以能够长期而广泛地流传，并不仅仅在于它能娱人耳目，更重要的是它能启发人们的心智、鼓舞人们的斗志、引导人们缅怀祖先的英雄业绩、继承和发扬祖先的荣光、像英雄的祖先那样去进行生存斗争。正是由于这个缘故，当时希腊的各个城邦都竞相把《荷马史诗》中的英雄人物尊为自己的祖先，甚至连荷马本人也成了各城邦争夺和崇拜的对象。

另外，更重要的是，在《荷马史诗》中已经出现了古希腊人关于"历史"的最初概念，而且在一些篇章中还出现了表示"历史"概念的词语。尽管这个词语在史诗中使用时的含义并不确定，但是它至少已经包括了这样的意思，即：通过对目击者提供的证词进行调查，从而获得事实真相。后来希腊语中的"历史"一词，就是直接从这个含义上演变而来。

伊索寓言

伊索是一位奴隶出身的寓言作家，他生活的时代正是古希腊奴隶制城邦的形成时期。那个时代，奴隶主贵族作威作福，为非作歹，奴隶和下层平民备受欺凌。奴隶和下层平民对奴隶主贵族的专制并不是逆来顺受的，他们把寓言当作武器，向奴隶主作斗争。在众多的奴隶和平民出身的寓言作家中，伊索是最有代表性的一位。他是一位奴隶主的家奴，相貌丑陋却绝顶聪明，后来获得了解放。

提起伊索，也许熟悉的人不多，但提起《农夫和蛇》、《狼和小羊》、《鹰与鹇》、《农夫和儿子们的争吵》等，也许大家都就不陌生了。

《农夫和蛇》的故事是这样的：一个农夫在冬天看见一条蛇冻僵着，很可怜它，便拿来放在自己的胸口上。那蛇受了暖气就苏醒了，等到回复了它的天性，便把它的恩人咬了一口，使他受了致命的伤。农夫临死的时候说："我怜惜恶人，应该受这个恶报！"这个故事告诉人们，决不要怜悯像蛇一样的恶人。

《狼和小羊》的故事，是《伊索寓言》中著名的一篇：一只狼来到河边，它看小羊在河边喝水，就想吃了它。但狼又想找个冠冕堂皇的借口来掩饰自己的欲望。于是狼责怪小羊把水弄脏了，害他不能喝水。小羊回答说："我在下游，你在上游，我怎么会把上游的水弄脏呢？"狼一计不成，又生一计，便恶狠狠地说，"你去年骂过我的父亲。"小羊大为吃惊，

《伊索寓言》部分图书的封面设计

忙辩解道："那时我还没出生呢。"狼理屈词穷，终于凶相毕露地说："即使你辩解得再好，我也不放过你。"说着便猛扑过去把小羊吃掉了。这个故事要说的是坏人存心要做坏事，总是可以找到借口的。如果把狼和羊的对立关系比做奴隶主和奴隶、贵族和平民的关系，那贵族和奴隶主不就有着和狼一样的吃人的本性吗？

蟋螂和鹰相比，一个是弱者，一个是强者，它们在力量上不可相比，但在《鹰和蟋螂》中，蟋螂和鹰作斗争却取得了胜利。

鹰是一种凶猛的飞禽，而蟋螂是一种小虫。一次兔子被鹰追逐，在走投无路的时候碰到了蟋螂，便向他求救。蟋螂鼓励兔子和鹰讲理。但鹰却蛮横地吃掉了兔子。蟋螂从这个悲剧中悟出：同鹰是无理可讲的，必须勇敢地和它作斗争。于是，蟋螂经常等候在鹰巢下面，只要鹰一生蛋，它就飞上去，把鹰蛋推滚起来，把它打碎。鹰到处躲避不成，最后只好飞到希腊神话中最高的神宙斯那里，请求宙斯为他提供一个安全的地方繁殖后代。宙斯便叫鹰在自己的膝上生蛋，以为这样就安全了。但蟋螂毫不惧怕，他

知道这一消息后，便带了一个粪团，飞上天去，将粪团抛在宙斯的膝上。宙斯忙掩面捂鼻，慌忙站了起来，膝上的鹰蛋也落地粉碎了。这个故事告诉我们，小人物可以向强者挑战，可以蔑视宙斯这样所谓天上的"最高神祇"，只要不屈不挠，坚持战斗，最终定会取得胜利。

《伊索寓言》中有总结劳动人民生活斗争经验的故事，《农夫的儿子们的争吵》便是其中一篇：农夫的几个儿子之间经常发生争吵，不团结。农夫多次劝导也不奏效。一天，农夫把几个儿子叫到跟前，拿了一束木棒让他们轮流折，但谁也折不断。然后，农夫把一束棒拆开，分给几个儿子每人一根，叫他们再折。儿子很容易都折断了。农夫用一束棒折不断，一根棒一折就断的道理教导儿子们说："你们看吧，假如内讧，便要被打倒了。"这一生动的例子说明，团结就是力量，团结就是胜利。

在《三只公牛和狮子》中伊索告诫人们，要注意识破敌人的阴谋诡计。有三只公牛生活在一起，一只狮子想吃掉他们，可是公牛们齐心协力，令狮子无法下手。狮子想出诡计，便用花言巧语离间三只公牛的关系。公牛们不知是计，终于上当，他们各自分开。这时，狮子趁机将三只公牛一只一只吃掉了。"不要相信敌人的好话"。这是作者告诉我们的历史经验。

《伊索寓言》中还有许多精彩的寓言，说明深刻的道理。《打破神像的人》是说要打破人们对神明的迷信；《龟兔赛跑》中劝诫人们不要骄傲自大；《乌鸦和狐狸》中讽刺一些人的虚荣心；《狐狸和葡萄》中嘲笑无能者的自我安慰心理；《初次看见的骆驼》中则说明实践出真知的道理……

伊索创作的寓言故事中把奴隶主贵族常比为狮子、毒蛇、狐狸等，揭露他们的贪婪残暴，同时又歌颂了广大奴隶和下层平民顽强的斗争精神，鼓励人民团结起来，向贵族奴隶主作斗争，这触犯了奴隶主贵族的利益，动摇了他们的统治，因此，奴隶主贵族对伊索恨之入骨，千方百计想杀害他。公元前560年的一天，伊索被奴隶主押到爱琴海边一块高耸的岩石上。在生命的最后一刻，伊索冷静从容，坚强不屈。终于，伊索被推下了山岩……

伊索在世时，他的寓言就在人民中间以口头文学的形式广为流传了，但当时并未编成书。公元前3世纪左右，伊索死后的二三百年，一个希腊人把当时流行的 200 多个故事汇编成书，题为《伊索故事集成》，但可惜没有流传下来。公元前 1 世纪初，一个获释的希腊奴隶，以上书为材料，用拉丁韵文写了寓言 100 余篇，同时，又有一个人用希腊文写了寓言 122 篇。到公元 4 世纪，又有一个罗马人用拉丁韵文写了 42 篇寓言。以上 3 种韵文体都保存下来。后来，又有人把韵文改为散文，加进印度、阿拉伯和基督教的故事，并多次汇集、编纂和改写，就成了今天我们看到的《伊索寓言》，共有 360 篇。

《伊索寓言》并不是伊索一个人创作的，其中有他同时代人的作品，也有后人的创作，但这并不影响伊索的伟大，人们将永远记住他的寓言，并从他的寓言中得到启迪和教育。

迦梨陀娑和《沙恭达罗》

关于迦梨陀娑有种种神秘的传说，其中有一个传说流传最广。

传说迦梨陀娑出生于印度古代一个高贵种姓婆罗门家庭。刚 6 个月时，他的父亲就去世了，他成了孤儿，被一个放牛的人家收养。

长大以后，迦梨陀娑虽然容貌秀美，但很粗鲁和愚笨。后来一位高傲的公主被骗和他成亲。婚后公主发现他既没有知识，又很笨拙，就把他赶出家门。迦梨陀娑感得十分的羞辱，于是跑到森林中迦梨女神的庙中，向女神祈求聪明和智慧。迦梨陀娑诚挚的请求，深深感动了女神，女神就赐给他大智大慧，于是他变得聪明起来，和公主言归于好，还成了一个才华绝世的大诗人、大戏剧家，创作出许多优秀的剧本和诗歌，其中以戏剧《沙恭达罗》最为人称道。

沙恭达罗在印度文言（即梵语）中是孔雀女的意思，剧本主要写国王豆扇陀和沙恭达罗悲欢离合的故事。

一天，英俊健美、善于骑马射箭的国王豆扇陀到野外去打猎。为了追赶一只梅花鹿，他骑马追到了很远的一个净修林中。在这里，他遇见了净修林的主人干婆的养女沙恭达罗。沙恭达罗年轻美貌，像一朵刚刚绽开的茉莉花，两人一见倾心，私下成了亲。豆扇陀要回城时，指着天地发誓，沙恭达罗是和他的国家一样珍贵的宝贝，他回家后就派人来接她，并留下一只戒指做纪念。

豆扇陀走后，沙恭达罗日夜盼望，但总也不见国王的身影，她常常因眷念国王而神思恍惚，失魂落魄般地看着国王留下的戒指，对别的一切都心不在焉，因此得罪了一位爱发脾气的仙人。仙人大怒，发出诅咒，说沙恭达罗的情人一定会把她忘掉。沙恭达罗的女友听到诅咒后，十分焦急，赶紧恳求仙人的宽恕。仙人减轻了诅咒，条件是只有国王看到他留给沙恭达罗的戒指时，才会记起他们之间的爱情。

沙恭达罗怀孕后，她的养父派人送她到城里去和国王团聚，祝愿

沙恭达罗中女神的形象

她为国王生个儿子做大王。在去王宫的路上，沙恭达罗不小心把国王留给她的戒指滑落到河里。

到了王宫，豆扇陀果然不认沙恭达罗，还说沙恭达罗说谎话污蔑他的名声。送沙恭达罗来的人硬把沙恭达罗留给豆扇陀就走了，豆扇陀又不收留沙恭达罗。正当沙恭达罗走投无路的时候，天空中闪起了一道金光，把悲痛欲绝的沙恭达罗接到天上去了。

不久，一位渔夫捉了一只红色的鲤鱼，发现鱼肚子里的刻有国王名字戒指。戒指被献给了国王。国王得到这枚戒指后，立刻恢复了记忆，如梦初醒，回想起他和沙恭达罗曾有过的爱情，后悔遗弃了沙恭达罗。他找人画了一幅沙恭达罗的画像，整天对着画像长吁短叹，以泪洗脸。

RENLEIWENMINGSHISHANGWEIDADECHUANGZAO

天神同情豆扇陀的不幸，邀请他到天国。在天国，豆扇陀找到了沙恭达罗和儿子，一家人幸福地团圆了。他们的儿子就是印度民族的祖先，也是印度传说中最早的一个国王。沙恭达罗是这个剧本中最可爱的人物形象，她温柔美丽，天生丽质，和大自然的一切都有真挚纯洁的感情。她对养父母非常孝敬，与女友相亲相爱，把蔓藤当做自己的同胞妹妹，把失掉母亲的小鹿看做自己的义子，所以当沙恭达罗要离开净修林时，森林里的草木鸟兽都以自己独特的方式表示自己的眷恋：

小鹿吐出了满嘴的达梨薄草，孔雀不再舞蹈。

蔓藤甩掉褪了色的叶子，仿佛把自己的肢体甩掉。

那野鸭不理藏在荷花丛里的叫唤的母鸭。

它只注视着你，藕从它嘴里掉在地下。

这几句诗被认为是《沙恭达罗》中最好的诗，深得印度人民及各国的读者的喜爱。它表现了沙恭达罗和大自然之间和谐的感情，也表现了沙恭达罗对美丽的大自然的热爱，沙恭达罗和自然环境是完美地融为一体的。

《沙恭达罗》虽然写的是豆扇陀和沙恭达罗恋爱和婚姻的故事，但作品也真实地反映了当时印度社会的生活情况。诗中对国王的忘恩负义、虚伪欺骗的真实本性进行了揭露和谴责，对天真善良、勇敢大胆，渴望自由和幸福的少女沙恭达罗进行了热烈的歌颂和赞美。《沙恭达罗》千百年来深受各国读者的喜爱，伟大的德国诗人歌德曾经写诗赞赏道：

若想说出春天的花朵和秋天的果实，

若想说出人心中的所有爱慕和喜悦，

若想说出高天和大地，只用一个词，

沙恭达罗啊！只要提你的名字便说尽了一切。

《沙恭达罗》在中国也很受欢迎，早在 800 年前它就随着佛经传入我国，并有藏文本和汉文本。鲁迅先生称《沙恭达罗》为"绝唱"，很多文学家还把它从英、汉等译本中翻译过来。1956 年，季羡林先直接从梵文翻译。北京的艺术家还 2 次把它搬上舞台，演出受到我国观众的热烈欢迎。

但丁与《神曲》

意大利诗人但丁（1265～1321年），是一位伟大的诗人是"中世纪的最后一位诗人，同时又是新时代的最初一位诗人"。

但丁出生于一个没落贵族的家庭，从小喜欢读诗，曾经拜著名学者为师，学过拉丁文和古代文学，他特别崇拜古罗马的一位重要诗人维吉尔，把维吉尔当作自己的精神导师。维吉尔写的史诗《埃涅阿斯纪》歌颂了罗马祖先建国创业的丰功伟绩，被认为是文人创作的史诗中的最好作品。

后人根据《神曲》画出的插图

但丁少年时曾在一次宴会上见到一位容貌清秀、美丽动人的姑娘贝阿德丽采。但丁非常喜欢她，宴会后常找机会去看望她。随着年龄的增长，但丁把贝阿德丽采当作自己精神上的爱慕对象。这种爱情给但丁以神奇的力量，他为她写下了一系列抒情诗篇。但不幸的是贝阿德丽采却与一位银行家结婚，不久死去。但丁为此悲伤万分，又写了一系列的悼念诗。但丁把为贝阿德丽采写的诗收集在一起，用散文串联起来，说明每首诗的写作动因，取名《新生》。诗中但丁追求纯洁的爱情，把贝阿德丽采看作是上帝派来拯救他灵魂的天使，一个神化的女性。从此之后，贝阿德丽采成了但丁作品中一个象征性的理想人物。

青年时期的但丁还积极参加城邦的政治活动。当时的意大利正处于分裂状态，佛罗伦萨是斗争最激烈的地点。代表新兴市民阶级利益的贵尔夫党经过激烈斗争，战胜了代表封建贵族势力的基伯林党。但贵尔夫党很快分裂为黑党和白党两派，二者又展开激烈的斗争。但丁属于白派，反对教皇干涉城邦内政。1302年，黑党在教皇的帮助下取胜，但丁被加上莫须有的罪名，被赶出城邦，开始了近20年的流放生活。大约在1370年，在流亡生活最痛苦的时候，但丁开始了《神曲》的创作，这是他长期酝酿和构思的一部巨著。但丁说过他写《神曲》的目的是"要使生活在这一世界的人们摆脱悲惨的遭遇，把他们引到幸福的境地"。但丁想寻找意大利民族的出路，渴求祖国和平统一，人民安家乐业，在作品中他表现了他的理想和愿望。

但丁雕刻像

《神曲》的意大利文原意是《神圣的喜剧》。但丁原来只给自己的作品取名为《喜剧》，后人为了表示对它的崇敬而加上"神圣"一词。起名《喜剧》是因为作品从悲哀的地狱开始，到光明的天堂结束，带有喜剧的因素。

《神曲》全长14000多行，分为《地狱》、《炼狱》（又译《净界》）、《天堂》三部分。每部分33歌，加上序曲，共100首诗歌。

长诗采用中古文学特有的梦幻形式，叙述但丁在"人生的中途"所做的一个梦。在梦中，但丁在一个黑暗的森林中迷路了。黎明时，他在阳光的沐浴下朝山顶攀登。突然，在他的面前出现了3头猛兽——豹、狮、狼，诗人惊慌呼救，这时出现了古代罗马诗人维吉尔，他遵从圣女贝阿德丽采——即但丁青年时倾心的女子的命令，搭救但丁从另一条路走出境。

但丁在维吉尔的带领下游历了地狱和炼狱。地狱共9层，上面宽下面窄，像一个大漏斗。地狱阴森恐怖，凄惨万分，凡生前做过坏事的人的灵魂都被罚在地狱中受刑，并根据罪孽的大小安排在不同的层次，罪孽越重，越在下层，所受的刑也越重。例如，在地狱的第八层，诗人看到了已死的教皇尼古拉三世，以及当时还活在世上的、迫害过诗人的教皇卜尼法斯八世。他们的身体头朝下地被埋在地洞中，两条腿在外面剧烈地扭动着、挣扎着。诗人见后高兴地说道："真是罪有应得！他们在世上把善良的人踩在脚下，而把凶恶的人捧在头上。让他们永远受罪吧！"

炼狱里的灵魂的罪孽比地狱中灵魂的罪孽轻些。炼狱是一座浮在海上的山，四周有美丽的海滩，山外有山脚，顶口是地上乐园。炼狱也分为7层，这里每一层分别住有犯过骄、妒、怒、情、贪、食、色7种罪孽的亡魂。他们的罪孽较轻，可以得到宽恕。经过烈火的焚烧，断除孽根后，他们可以升入天堂。

地上乐园里飘着吉祥的云朵，花瓣般的雨珠，这里出现了圣女贝阿德丽采，她接替维吉尔引导但丁游历天堂。

天堂庄严光辉，充满欢乐和爱，住着生前正直行善的人，他们享受着永远的幸福。天堂也分为9重。九重之上是上帝的天府。天府是上帝和天使们的住所，充满上帝的光和爱。但丁见到了圣父、圣母和圣子"三位一体"的奥秘，诗人觉得在那天府里才真正见到了人类最理想的境界……

这便是《神曲》的主要内容。但丁在作品中积极关心现实，他写的是中世纪晚期的意大利生活。诗中所写的游历三界的所见所闻，很多都是意大利的现实生活，涉及了当时佛罗伦萨以至意大利复杂的党派斗争，涉及教皇和僧侣们的罪恶，也涉及贪官污吏及新兴资产阶级对人民的剥削压迫等。《神曲》也表明了但丁是个爱国主义者。他渴望祖国统一和平，反对分裂和纷争，即使在另一个世界里，他也和鬼魂们谈论意大利的政治形势和国家兴亡问题，有时禁不住内心的激动，他还抒发自己的强烈的感情。《炼狱》第6歌中他为祖国的分裂和动乱而哀痛：

唉，奴隶般的意大利，你哀痛之逆旅，你这暴风雨中没有舵手的孤舟，
你不再是各省的主妇，而是妓院；
而你的活着的人民住在你里面，
没有一天不发生战争，为一座城墙，
同一条城壕围住的人却自相残杀，

145

你这可怜虫啊？你向四下里看看，

你国土的滨岸，然后再看望你的腹地，

有没有一块享着和平幸福的土地。

……

　　《神曲》也表达了但丁对人类智慧和理想的追求。《神曲》中的地狱是现实世界的实际情况，天堂是人类的理想和希望，炼狱则是我们人类从现实到理想中须经过的苦难历程。但丁希望人们认识罪恶，悔过自新，去认识最高真理，达到最理想的境界。这在当时是非常难得的思想，显示了新的文化思潮的萌芽。

　　《神曲》在艺术手法上也有力地衬托了作品要表达的思想。全诗分3部，每部33歌，每段3行诗。三部诗又都用群星作结束，这一切烘托出这样的气氛：在群星的指引下，随着诗句的阶梯，人类正从地狱通向天堂，由低贱向高尚攀登、发展。

薄伽丘与《十日谈》

　　1348年，意大利的佛罗伦萨发生了一场可怕的瘟疫。每天，甚至每小时，都有大批大批的尸体运到城外。从3月到7月，病死的人达10万以上，昔日美丽繁华的佛罗伦萨城，变得坟场遍地，尸骨满野，惨不忍睹。这件事给当时意大利一位伟大作家薄伽丘以深刻影响。为了记下人类这场灾难，他以这场瘟疫为背景，写下了一部当时意大利最著名的短

根据《十日谈》的内容绘制的场景

篇小说集《十日谈》。当时，《十日谈》被称为"人曲"，是和但丁的《神曲》齐名的文学作品，也被称为《神曲》的姊妹篇。这部小说为什么称为《十日谈》呢？

原来，在佛罗伦萨闹瘟疫期间的一个清晨，7个美丽年轻而富有教养的小姐，在教堂遇到了3个英俊而富有热烈激情的青年男子。7位小姐中的3人是他们的情人，别的几位和他们还有亲戚关系。他们决心带着仆人，离开佛罗伦萨这座正在走向死亡的可怕城市。

他们相约，两天后到郊外的一座小山上的别墅里去躲避瘟疫。那里环境幽静，景色宜人，有翠绿的树木环绕，还有曲折的走廊、精致的壁画、清澈的清泉和悦目的花草，地窖里还藏着香味浓郁的美酒。

这10位年轻人每天不是唱歌弹琴，就是跳舞散步。在暑气迫人的夏季里，他们坐在绿草茵茵的树阴下，大家商定每人每天讲一个优秀动听的故事，以此来愉快地度过一天中最难熬的时光，他们一共讲了10天，10天合计讲了100个故事，这些故事收集成集子就叫《十日谈》。

据薄伽丘讲，《十日谈》中的故事都是有理有据的。作品中描写和歌颂了现世生活，赞美爱情是才智的高尚的源泉，歌颂自由爱情的可贵，肯定人们的聪明才智等。作品也揭露封建帝王的残暴，基督教会的罪恶，教士修女的虚伪等等。薄伽丘是在佛罗伦萨长大的，他从小向往民主自由，对教会的黑暗统治表示不满。长大后，多次参加政治活动，反对封建专制。《十日谈》就是他反封建反教会的有力武器。《十日谈》写完后，薄伽斤受到封建势力的迫害和打击，时常被教会派来的人咒骂和威胁。他有一次愤怒之至，甚至想把所有的著作，包括《十日谈》全部烧毁，幸好他的好朋友——意大利著名的民主诗人彼特拉克苦苦相劝，《十日谈》才得以留存至今。

彼特拉克是薄伽丘一生中最好的知音，1374年彼特拉克去世，薄伽丘精神上受到了沉重的打击。第二年他在孤独和贫困中，悄悄地告别了这个世界。

安徒生的童话

有一个流传得很广的童话故事：一只母鸭正在孵鸭蛋。蛋壳一个接一个地破了，一只只小鸭子争先恐后地跳了出来。最后，只剩下一个特别大的蛋还没有破。母鸭耐心地继续孵着。终于有一天，这只蛋也破了，一只又大又丑的"笨鸭子"从里面钻了出来。由于它实在太难看了，大家都不喜欢它，不和它玩。这只"丑小鸭"十分孤独，只好含着眼泪独自逃到树林里去避冬。春天来了，"丑小鸭"来到池塘边，那里正有几只白天鹅在水面上浮游嬉戏，它便高兴地向它们游了过去。忽然，它发现了自己映在水中的身影。啊！原来自己也是一只美丽的白天鹅，和其他伙伴一样漂亮迷人。"丑小鸭"感到幸福极了，所有的卑怯和屈辱都一扫而光。

谁都知道，这个脍炙人口的童话故事的作者，就是丹麦著名童话作家安徒生，但多数人未必知道安徒生的成长过程。巧的是，安徒生成长为一名作家正是一个从"丑小鸭"到"白天鹅"的发展过程。

安徒生的童年非常悲苦。他父亲本是个鞋匠，很早就死去了；母亲靠替别人

安徒生铜像

洗衣服挣来的血汗钱养活着一家人，好不容易才把几个孩子拉扯大。尽管生活十分艰难，但母亲还是想方设法地把安徒生送进学校，想让他识几个字，将来当裁缝。

然而，安徒生的志向却不在此，他的理想是在广阔的文学艺术天地中施展自己的抱负。他只身来到首都哥本哈根，到处投师学艺，寻找着发展

的机遇。他先是想学习舞蹈，后来又想当演员和歌唱家，但都没有成功。于是，屡遭挫折的安徒生便把目光投向了文学创作，并为此付出巨大的努力。在1827 年 22 岁的时候，他终于引起了人们的瞩目。长篇幻想游记《阿尔格岛漫游记》和轻喜剧《在尼古拉耶夫塔上的爱情》给他带来了初步的成功。当人们纷纷把赞美和鲜花献过来的时候，安徒生悄悄流下了激动和喜悦的泪水。

安徒生肖像

从此以后，安徒生便一发而不可收，在文坛上耕耘不辍。1835 年 30 岁时，是他整个创作生涯的重要转折点。他开始把全部精力和热情都倾注到儿童们所喜爱的童话创作上，他要以此来争取未来的一代。这一年，他出版了第一本童话集《讲给孩子们听的故事》，包括《小克劳斯和大克劳斯》、《打火匣》、《豌豆上的公主》、《小意达的花儿》等 4 篇作品。1836 年，他出版了第二本童话集。以后又有了第三本、第四本……几乎每个圣诞节到来时，安徒生都有新的童话作为节日礼物奉献给孩子们。到他逝世的前 2 年，他一共写了 160 多篇童话。其中许多篇都是童话王国中的佳作，成为世界各地一代代儿童必读的精品。

安徒生的童话题材广泛、魅力无穷，融思想性、艺术性于一体。它与德国的格林童话是迄今为止影响最大、波及最广的两大童话系列。

除了《丑小鸭》以外，还有许多家喻户晓的名篇，也让人久久地回味不已。

《皇帝的新装》描写了一个虚荣而又愚蠢的皇帝。他非常喜欢穿漂亮的新衣服。有一天，来了两个骗子，自称能织出世界上最漂亮最奇特的新衣。这种衣服只有聪明人才能看见，如果谁要是看不见，那就证明他是一个愚蠢而不胜任职务的人。他们骗去皇帝很多生丝和金钱，过了几天却空举着两手来见皇帝，说是"新衣"做好了。皇帝和大臣其实什么也看不见，却又害怕别人说自己愚蠢，都装模作样地品评夸赞起来。大臣们还竭力劝说皇帝穿着这套"盛装"参加游行大典。游行途中，围观的人群也不时发出称赞和喝彩声。最后，还是一个天真的孩子说了真话："他什么都没穿!"这时，皇帝才似乎明白了什么，但为了面子和尊严，他还是硬着头皮，装出一副若无其事的样子更神气地向前走去。

《卖火柴的小女孩儿》叙述了一个穷孩子的悲惨生活。在新年前夜，她无家可归，怀揣着几盒没卖出去的火柴赤着脚在雪地里走着、叫卖着。然而，没有人来买她的火柴，也没有谁来关心和问候她一声。她绝望了，又饿又冷地在墙角缩成了一团。她用颤抖的手擦燃了一根根火柴，用微弱的火光来取暖。在闪烁的火光中，她仿佛看到了自己梦寐以求的香喷喷的烤鹅、富丽堂皇的房屋和朝思暮想的已故外祖母……她嘴角上带着满意的微笑睡着了。第二天，人们发现她已经死了。

没有人能想象得到，这些闪光名作的作者是怎样历尽艰辛才走向成功的。昔日的"丑小鸭"——一个鞋匠的儿子，最终竟变成了一只美丽非凡的"白天鹅"——一个拥有着最多读者群的享誉世界的大作家。

■ 《资本论》的诞生

1848 年欧洲大革命失败以后，马克思和恩格斯到了巴黎，他们认真地总结了革命失败的经验教训，从中认识到，要建立无产阶级政权，必须打碎旧的国家机器，建立无产阶级领导的工农联盟。这对于指导今后的工人运动具有重要意义。由于马克思领导了工人运动，他也成了巴黎"不受欢迎的人"。1849 年夏末，马克思第四次接到"驱逐出境"的命令，以前，普鲁士政府、

马克思和恩格斯的雕像

比利时政府、法国政府均曾驱逐过他。为此，马克思曾愤然退出普鲁士国籍，要做一个没有国籍的"世界公民"。

马克思在巴黎住在百合花大街45号，这一天，几个警察奉命向他宣读了驱逐令，这对于当时的马克思来说无异于雪上加霜。这并不是因为法国不欢迎他，而是因为他此时正陷入"财政危机"，自己家的所有积蓄已全部用作革命经费，连家具也早已变卖，仅有的一套银质餐具也送进了当铺。而且，妻子燕妮又即将分娩，此时被赶走，困难可想而知。

但是，既然不为反动派所容，就只有另奔他国了。马克思携带全家，变卖掉所有日常用品，来到了著名的雾都伦敦。来英国之前，马克思一家是两手空空，到了伦敦，仍然是身无

马克思肖像

分文。因此，他们一次又一次地因为付不起房租而被迫举家迁移。

开始，他们住在伦敦安德森大街4号，每周房租6英镑。这对马克思一家来说，简直是不让他们吃饭了！因拖欠房租，房东叫来了警察，收走了马克思一家的全部东西，甚至连婴儿的摇篮、女儿的玩具也没留下。

他们搬进了累斯顿大街的一个旅馆，租金每周5镑。不久，他们又被主人赶走。1850年5月，马克思搬进迪安大街45号。不久，又因房租迁到了这条街的28号，一家7口住在2个狭窄的小房间里。

这年的12月，马克思领到了一张英国博物馆的阅览证，从此，阅览室成了他的半个家，他每天从上午9点一直工作到下午8点左右，回到家里还要整理阅读材料所记录的笔记，一般情况，他都是到深夜二三点钟才休息。他曾对别人说，我为了为工人争得每日8小时的工作时间，我自己就得工作16小时。那么，马克思在伦敦博物馆里都做了些什么呢？原来他是在认真

文化

写揭露资本主义罪恶的煌煌巨著《资本论》。他每天所摘录的大量资料，都是在为写作《资本论》做准备的。其实，早在 1843 年，马克思就开始研究政治经济学了，只不过到这时，他把主要精力集中运用到了这部书上。据有人统计，在世界一流的伦敦博物馆所藏图书中，马克思阅读过的书籍有 1500 多种，他所摘的内容和整理的笔记有 100 余本！

为了更好地完成《资本论》，他广泛收集有关各学科资料，如农艺学、工艺学、解剖学，更不用说历史学、经济学、法律学了。总之，只要与《资本论》有关，不管多么艰难，他也要寻找下去，研究下去。甚至连"蓝皮书"他都一本本阅读了。

"蓝皮书"是英国议会专门发给议员的报告材料，因其封面为蓝色而得名。英国议会的蓝皮书每到一定时候就会下发到议员手中，对于议员来说，此书并没有多大用处，所以它实际上就是一本又一本的废纸，在废纸堆里，经常可以见到这种小册子。

但对于马克思来说，情况就完全不同了。因为他要从政治经济学的角度去研究资本主义剥削工人的本质，所以，这些官方材料是弥足珍贵的。它里面记录着英国每年、每阶段的经济报告及经济政策，因此是研究资本主义经济的第一手资料。马克思非常认真地阅读着，不时地把其中重要的资料摘录下来。

1856 年 10 月，马克思迁居到伦敦西北的肯蒂士镇，这样，离伦敦博物馆更远了。但马克思并未间断工作，他仍然没日没夜地在博物馆里工作着。饿了，啃一口干面包；渴了，喝一杯白开水；疲倦了，就站起来跳两下，然后继续工作。不管是刮风下雨，他也从未因天气问题而不到博物馆去。终于，1867 年，《资本论》第一卷出版了。马克思怀着无比兴奋的心情紧紧地捧住了这部刚刚出版的著作。

《资本论》的出版，是国际共产主义运动史上的一件重要大事，它迎来了无产阶级的新的斗争历程。

在这部书中，马克思通过大量事实，详细而深刻地分析了资本主义的发展历史，揭穿了资本主义迅速发展的"秘密"，暴露了资本主义残酷剥削工人阶级的丑恶本质，也指出了工人阶级之所以极其贫困的原因。

书中一个重要的理论，就是"剩余价值"学说。马克思指出，干活付钱，这是错误的认识，就是说工人干活，资本家付给他钱，看来这并没有什么不对。但是实际上，这不是"等价交换"，工人为资本家劳动所创造的财富远远大于自己所得的报酬，如一个工人一天劳动所得为 8 元钱，而他在一天之内为资本家所创造的利润远远不止 8 元，可能是 16 元，也可能是 24 元，还可能更高。这怎么能是"等价交换"呢？那么这多余的部分，即这个工人工资之外的 8 元或 16 元或更高的数额，就是"剩余价值"，资本家无偿地剥削走了。马克思把这个"账"算清以后，资本家剥削工人的本质、手段、诀窍就给暴露出来了，这使广大工人阶级更认清了资本家的剥削方法，从而为自己争取更高的待遇准备了充足的条件。

马克思在《资本论》中断然指出，资本主义必然灭亡和无产阶级必然胜利都是不可改变的，是历史发展的必然趋势，这就为无产阶级的革命斗争提供了理论武器，增强了无产阶级革命斗争的决心和信心。

■ 高尔基和海燕

1902 年，在高尔基故乡索尔莫夫镇，革命工人举行了五一游行。游行的组织者扎洛莫夫被捕。他的母亲安娜继续从事儿子的事业，为革命而奔波。这件事对高尔基震动很大，他决心以扎洛莫夫母子的事迹为素材写一部小说，真实地表现 20 世纪初俄国革命人民的觉醒。

经过 5 年的艰苦劳动，高尔基终于在 1906 年发表了著名长篇小说《母亲》。《母亲》描写了无产阶级革命英雄巴威尔的事迹，小说体现了俄国工人阶级从自发斗争到自觉斗争的成长过程；巴威尔是无产阶级文学中最早出现的工人革命家形象。作品同时塑造了母亲这个 20 世纪初俄国正在觉醒的革命群众艺术典型。通过这个受压迫最深重妇女的觉醒过程，深刻揭示了党领导下的人民群众的觉醒。这部被列宁称之为"非常合时的书"的问世，标志着高尔基在探索正面人物方面达到了新的高峰，也给当时俄国和欧洲各国的工人阶级运动带来了巨大的鼓舞。

马克西姆·高尔基是 19 世纪末至 20 世纪初的著名俄罗斯作家，他不同于其他作家的伟大之处，就在于他的创作在世界文学史上开辟了无产阶级革命文学进一步发展和壮大的新时代。因此，列宁称他"是无产阶级艺术的最杰出的代表"、"是社会主义现实主义文学的奠基者，是苏联无产阶级文学的创始人"。

高尔基原名阿列克塞·马克西莫维奇·彼希科夫，1868 年 3 月 16 日生于俄国中部的尼日尼·诺夫戈罗德（即今高尔基城）的一个木工家庭。他 4 岁丧父，随后便寄居在外祖父家中。10 岁时母亲又不幸去世了。不久外祖父家也破产了。于是，上了 2 年小学的他不得不中途辍学，开始挣钱养家，饱尝生活的艰辛。他做过学徒，拣过破烂，当过看门人、搬运工人和面包师傅。这些痛苦的生活经历在他的自传体三部曲小说《童年》、《在人间》、《我的大学》中有着细致、具体的描绘。

19 世纪末，高尔基开始接触马克思主义，并积极投身到群众革命斗争当中。1901 年高尔基参加了彼得堡的革命活动，亲眼目睹了沙皇政府的种种暴行，感到无比愤慨，于是写下了充满革命者激情的《海燕》。

《海燕》是高尔基短篇小说《春的旋律》的结尾部分。它采用寓言形式和象征手法，描写和歌颂了人民群众同反动势力的不屈斗争。在暴风雨到来之前，在苍茫的大海上，风在聚集着乌云。乌云越来越密、越来越低，不断地向海面上压来。风在狂吼，雷在轰鸣，闪电像火蛇一样在游窜。风、云、雷、电是反动力量的象征，他们竭力制造白色恐怖，镇压人民。象征着广大群众日益高涨革命力量的大海被激怒了，掀起了滔天巨浪。在乌云和大海之间，海燕无畏地飞翔，勇敢地叫喊："让暴风雨来得更猛烈些吧！"高尔基通过海燕歌颂无产阶级英勇战斗的大无畏精神和革命的乐观主义，预示着革命即将来到，并号召人民起来参加斗争。散文诗中塑造了一个极为丰满的英雄形象。

善于塑造和刻画英雄人物的高尔基也正像一只勇敢的海燕，展翅搏击在风云密布的长空，为革命人民写下一部部充满战斗激情的革命诗篇。